涵情·育德
行规与情商融合研究

王律言　主编

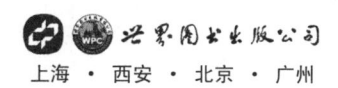

图书在版编目(CIP)数据

涵情·育德：行规与情商融合研究 / 王律言主编.
—上海：上海世界图书出版公司，2019.6
ISBN 978-7-5192-6196-2

Ⅰ.①涵… Ⅱ.①王… Ⅲ.①中小学生—习惯性—能力培养—研究 Ⅳ.①G635.5

中国版本图书馆 CIP 数据核字(2019)第 083670 号

书　　名	涵情·育德：行规与情商融合研究
	Hanqing·Yude: Xinggui yu Qingshang Ronghe Yanjiu
主　　编	王律言
责任编辑	马　坤
装帧设计	江苏凤凰制版有限公司
出版发行	上海世界图书出版公司
地　　址	上海市广中路 88 号 9 - 10 楼
邮　　编	200083
网　　址	http://www.wpcsh.com
经　　销	新华书店
印　　刷	上海颛辉印刷厂
开　　本	787 mm × 1092 mm　1/16
印　　张	10.75
字　　数	150 千字
版　　次	2019 年 6 月第 1 版　2019 年 6 月第 1 次印刷
书　　号	ISBN 978-7-5192-6196-2/G·533
定　　价	60.00 元

版权所有　翻印必究
如发现印装质量问题，请与印刷厂联系
(质检科电话：021-56152633)

序　言

两类"教育工程师"

特级教师　马兰霞

王律言老师已经在本书前言里,把她所带团队的研究成果做了介绍,对成果的意义和价值做了阐发,我就不再赘述。我想从另一个角度谈谈我的体会。

先从一则视频谈起——

最近,有一则日本的创意短片在网上广为传播。一个小女孩看到有个机器人几次出手帮助他人,被帮助的人却没有一点感恩的表示,而那个机器人仍然用"不客气""不用谢"来回应并不存在的感谢。小女孩很为机器人打抱不平,她告诉机器人"不必去帮助他人,那毫无意义"。当然,机器人不会采纳小女孩的告诫,因为它只是在执行程序。

令人震撼的是结尾:小女孩过马路时钥匙掉了,当她想回去捡的时候,发现红绿灯正在闪烁更替,小女孩不敢冒险,正在迟疑之间,又是那个机器人走到马路中间,捡起钥匙递向小女孩手里。一瞬间,那个机器人在小女孩眼里幻化为一个带着温暖微笑的大哥哥。就在这个时候,一辆汽车疾驶而来……大哥哥倒在了血泊中。周围的人们只顾围观、拍照,没有一个人做出援助之举。小女孩失望而悲愤地茫然四顾,这一刻,周围熙熙攘攘的人,在小女孩眼里全部幻化成了机器人!

这"两次幻化"是值得玩味的:关心他人、帮助他人的机器人幻化成了真正的人,真正的人却幻化成了冷冰冰的机器人!为什么在小女孩的眼里会有这两次幻化？因为,那个机器人总是在人们需要的时候伸出援助之手,让他人感受到温暖。而周围那些真正的人,面对他人的痛苦表现得自私冷漠,就如一堆冰冷的金属。这就生动地揭示了这个纯真的小女孩对人性的认识:人应该是有感情的,人性应该是温暖的。

由此,我们可以说,如果我们的教育要培养真正的"人",而不是机器人,那么,我们的教育里就不能删除"感情",不能删除"情商"的培养。但是,感情的培养,情商的提升,比知识的传授、理性的提升要繁复得多,过程也更潜隐和微妙得多。需要教育者投入更多的精力,需要更长的时间积淀才能显效。急功近利的教育怎么能容忍"慢"的拖累,于是那些需要做"慢功"的教育内容,就在有意无意间处于被"删除"之列了。

现在,我们到处可以看到,追求高效的学校教育,已经把教学简化为"知识灌输",把德育简化成"指令输入"。人的培养已经类似于机器人的制造过程。比如行规教育,教师只要把学生行为规范编制成相应的程序和指令,然后灌输给学生,再用一系列的检查、评比去督促和强化,学生就能做出符合规范的行为——文明有礼,遵纪守法,不敢越雷池半步。于是,教师就成了"机械工程师",他们模仿机器人的制造原理,把知识变成考试要点,把德育要求分解成行为要领,不遗余力地灌输进学生的大脑。但是,没有道德情感支撑的行为,一旦失去指令的控制和监测的威压,学生的表现很快会打回原形,恢复自私和冷漠的原始状态。那个微电影的结尾,真正的人反而变成了机器人,是不是对现代教育工业化趋向的辛辣讽刺呢?这就是我要说的"第一类教育工程师"。

那么,"第二类教育工程师"是怎样的呢?简单地说,他们应是教育理论与教育实践之间的桥梁。一方面,他们对教育理论进行阐释,提出操作性思路,促成教育理论向教育实践的转化;另一方面,他们又对教育实践中产生的经验进行凝结、提炼,为教育理论的形成提供事实资源和理论原型。今天,很多有识之士呼吁:如果没有大批这样的"教育工程师"的涌现,中国教育很难实现真正意义上的改革!为什么呢?这是因为,教育理论虽然具有逻辑的清晰性与意向的理想性,可以给教育实践以指导。但是,每一种教育理论都有视角的片面性,在指导教育实践时都不可避免地带有局限性。而教育实践面对的是活生生的人,它要求教育实践者具有思维的整全性和操作的现实性。教育理论与教育实践之间其实是存在着差异和裂缝的。谁来弥合这其中的罅隙?那就是我要说的"第二类教育工程师"。早有人提出,教师可以成为架起理论与实践之间桥梁的"教育工程师"。事实证明,很多优秀教师在教育实践中,能综合运用各种教育理论,并且结合教育对象的特点,创造出适合当下教育情景的教育方案。他们不仅是教育理论的实施者,更是创造实际教育成果和创新教育理论的建树者。

五年前,王律言团队开始致力于"行规养成教育与情商培养相融合的实践探索",今天,我们看到了他们的成果。这些成果就是在行规教育理论和情商培养理论的综合指导下,结合教育对象的特点,独辟蹊径,创造出可操作的思路和可执行的教育方案。在这个过程中,他们自身的专业成长也跨入了一个新的境界——这就是从一般的教育实践者,成长为既懂教育理论,又有丰富实践经验,同时能在两者结合点上发挥创新思维的"教育工程师"!

因此我想说,不仅王律言团队的研究成果,可以为小学生的养成教育提供切实有效的指引;而且他们的研究之路,也为培养大批"教育工程师"提供了可供借鉴的模式。

2018 年 11 月 8 日

前　言

王律言

小学教育是基础教育,培养习惯和兴趣是这一学段的主要任务。"好习惯让人终身受益"这一理念越来越受到广大教师与家长的重视。从一个人终身发展的角度来看,行规教育不单单是告诉学生应该怎么做,更着眼于帮助学生打好人生的底色,帮助他们将来走得更踏实稳健,也更有利于彰显他们的才华和本领,让人生更加灿烂。

在教育实践中,有些现象引起了我们的思考:

其一,善于管控情绪的孩子,行为表现往往合于规范;不善于管控情绪的孩子,往往行为也容易偏规失范。可见,学生的外在行为往往与内在情绪相联系。

其二,有些个性内向压抑的孩子,循规蹈矩,不善交往,若只从行为规范的角度看,似乎没有问题,但是从情商的角度看,却是不够健康的个性。

因此,单维度地进行"行规养成教育",未必就能培养出学生的健康人格。

近年来,情商教育兴起,培养孩子的情商越来越受到人们的关注。心理学家广泛而深入的研究表明:人在一生中能否成功、快乐,主要取决于其情商的高低。由此,我们发现行为习惯与情商都对一个人的一生有着重大的影响,且它们都不是个人天生具有的,都需要后天的培养。行规教育与情商教育的成效都将影响到一个人的终身发展。

良好行为习惯的形成要经过"知、情、意、行"四个渠道。教育者可以从"知"入手,提升学生的道德认知,在此基础上指导学生践行;

也可以运用情商教育,从"情"入手,激发学生的内在动机和情感,这同样有利于促进学生践行,逐步规范行为。有效激发学生内在动机的教育,是最能贴近学生整体人格的教育,其成效一定高于通过训练强化手段达成的教育。

行规养成教育与情商培养,就理论而言是各成体系的,但就实践而言,必然需要相互渗透、相互融合,因为这两种教育最终都要落实在同一个教育对象身上,如果我们不去厘清它们之间的关系,那么在实践中就可能发生重复教育或者相互抵消的不良效应,而无法发挥它们相互支撑、相互优化的积极效应。

作为一线的班主任、实践工作者,我们的研究目的旨在理清各类教育理论条线,在实践中将其整合,发挥它们的积极作用来影响学生,最终达到育人的效果。

整个研究项目历时五年,我们以实践研究为主,理论研究为辅,用已有的理论为实践服务,理清核心概念以后,着重做面向实际的研究。

我们认为,行规养成教育与情商培养两者之间存在以下关系。

(一)行规养成与情商培养的一致性与互补性

1. 同在社会主义核心价值观的指导之下

社会主义核心价值观是中国特色社会主义的本质体现。短短24个字——"富强、民主、文明、和谐、自由、平等、公正、法制、爱国、敬业、诚信、友善",将国家层面的价值目标、社会层面的价值取向以及个人层面的价值准则与中国特色社会主义发展的要求相契合,与中华优秀传统文化和人类文明优秀成果相承接。它覆盖社会道德生活的各个领域,是公民必须恪守的基本道德准则,也是评价公民道德行为选择的基本价值标准。

行规养成教育和情商培养同在社会主义核心价值观的指导之下,两者都是社会和谐重要的组成部分,是社会价值观的具体体现和延伸。两者的目的都是为培养具有高度责任感、健全人格的全面发展型人才而奠定基础的,促使学生从小就树立正确的道德观、人生观、价值观等理念,促进学生身心健康的发展,这也是推进素质教育、提高德育教育实效性的必由之路。价值观不正确往往造成情商和行规出现问题,唯有树立正确的价值观,拥有优秀的道德品质,才能收获高情商和良好的行为规范。

2. 教育目的一致

仔细对比行规养成与情商培养两个概念,不难发现,情商教育里对儿童进行自信心、情绪管理、竞争力、挫折抵抗、沟通、压力应对、人际关系及领导力方面的指导和训练,与行规养成中培养学生良好的生活态度、学习习惯及待人接物等良好的行为规范不谋而合。行规养成教育和情商教育最终都以塑造学生良好的品质、促进学生的发展为目标。

3. 教育内容互渗

行规养成教育与情商培养在内容上相互包涵,相互渗透。仔细研读《小学生行为规范20条》,不难发现,在关于人际交往规范的条例中,与情商培养的要求高度重合。行规养成教育就是养成良好的行为规范,行为规范涉及教育、学习、品德、卫生等诸多领域。而一切行规养成的主观因素在于个人情感意识。这一点和情商教育完全一致,因为行规本身就是人情感意识下的产物。情商是决定一个学生能否拥有健康心理、能否适应社会、能否拥有幸福生活的关键,其影响力与行规养成不分伯仲。在学习、生活中两者往往起着决定性作用,往往在处理事物的主观意识中有着相同的影响力。因此,行规养成教育与情商教育互相影响,互相促进。行规养成教育中包含着情商培养,情商培养往往也要通过行规养成教育这一载体实施,思想引导行为,行为养成习惯。

4. 培养方式相近

行规养成与情商培养都属于后天习得,与成长环境、与他人互动有密切关系。

行规养成是一种使自然人成为社会人的过程,或者说是使少年儿童具备生存和发展的基本素质、基本技能的过程。孩子成长过程中道德品质的培养、良好习惯的获得,第一训练场所就是家庭。进入学校,老师们更是从促进孩子健康成长的角度,通过对学生的言行有意识地训练、指导、引导,帮助他们进一步掌握与老师、同学交往互动的技能,使其更好地掌握由自然人逐渐向社会人转变的必备素质和技能,以适应社会的发展。可见,行规养成是自孩子出生起开始的。

在《中小学生情商口才递进式训练(教师、家长指南)》一书中,对于情商是这样描述的:"情商是一个人的情感构成系统,是只要深入现实生活(人群、事物、事件、环境)就能直接形成的、以情感要素的具体显现为主要构成的精神能力系统。"那么小学阶段的情商教育又该如何呢?该书作者刘伯奎在书中写道:"我们把小学阶段的情商养成,看成以其自我为圆心,以家庭、同学交往为半径的,亲情情商、友情情商等不同情商要素的逐步交融。"这些关于情商培养方式的认识,在网上"童伴少年儿童成长中心儿童情商训练课程"中也找到了印证,即:"情商技巧需要不断地强调和孩子不断地练习才能掌握。"显然,儿童的情商培养与养成教育一样,需要日常生活的逐步浸润,是在后天培养和修炼中发展起来的从近在眼前的身边事逐步向社区、社会、国家乃至国际的、伴随社会人一生的情感体系。

行规养成教育和情商教育都与学生的成长环境,与他人的互动有着密切关系。人不是孤立的,从出生的那天起,孩子就受到其所处环境的影响,其成长也必然留下环境的烙印。

5. 教育关键期重合

中小学阶段是行规养成教育与情商培养的关键期。《中共中央关于改革和加强中小学德育工作的通知》中指出:"中小学教育阶段是青少年儿童长身体、长知识的时期,是对他们进行道德情操、心理品质和行为习惯养成教育的最佳时期。"

专家认为,情商形成于婴幼儿时期,成型于儿童和青少年阶段。一个人是否具有较高的情商,与童年时期的教育培养有着密切的关系。情商是可以培养的,三岁以后到初中是情商开发的关键时期,在此期间对孩子进行有效训练,能起到事半功倍的效果。因此,在中小学时期,有意识在生活的浸润中鼓励孩子增加与他人的互动,从中获得直观、真实的情感体验,帮助其在多样化的感性生活中自主实现情商要素的养成,对于丰富孩子的情感体系、促进孩子的情商发展是非常必要的。

6. 支持系统相融

教育不是一个单一的过程,不是某个人或是某些人的工作,而是一项复杂的系统工程。育人,仅有学校教育是不够的,必须由多方参与、互相合作才能得以完成。学校与家庭、社会之间存在千丝万缕的联系,孩子的成长需要三方面的共同作用。情商虽有遗传因素,但主要还是靠家庭、社会、学校三方来培养,同样,行规看似是给学生订的条条框框,实际也衡量家长、老师以及全社会的行为水平。

只有学校、家庭、孩子参与的社会儿童组织保持联系,互相配合,才能全方位地关注孩子的健康成长。家庭、学校和同伴的影响都不可少,任何一方都不能推卸责任或摆脱干系。行规养成教育与情商培养都需要学校、家庭、同伴的支持与互助。

7. 两者教育之互补

小学生行规作为行规范畴中的一个子内容,同样由许许多多条例组合而成,目的在于使学生在日常的学习生活中明确"什么是对、什么是错,什么可以做、什么不可以做",可以说是一种清晰的行动指南。

这些规范是外显的教育引导和要求,偏向言行的指导,缺乏一定的情感需求,稍显死板。而情商培养,它并没有太多的官方语言,也不会有一种绝对的说明来诠释,更适合因人而异。好的情商教育需要一个不会束缚而且还要行之有效的体系。而行规恰恰是情商的载体,情商也刚好是行规的情感元素。依托在行规上的情商就显得更清晰,不再会是意向中的产物。小学生年龄小,自律能力还不是很强,在成长中,他们既需要来自外部的、明确的、规范化的、清晰的行动指南作为约束,也需要借助自己在与他人的互动中积累起来的经验等,对自己的言行自发地提出要求。从某种程度上说,经后天的培养,所有非智力因素的综合导向下的行为,由自律到自发、由外驱到内驱,最终就会形成一种行为习惯。

(二)行规养成教育与情商培养的差异性和冲突性

1. 差异性

(1)行为指导与情感体验

行规养成教育偏重行为训练,有具体的要求、细则做指导,要求明确。情商培养偏重情感体验,没有具体的要求与标准,没有终点,教师要做的只是改善和提高。

(2)共性规范与突显个性

行规养成注重共性要求、共性规范,引导和规范学生可以做什么、不可以做什么,以及怎样做,要求每个孩子遵守共同的规范。情商培养,坚持从个体入手——了解自我、自我管理、自我激励,因时因地进行教育,具有个性。

(3)理性指导与感性感化

行规养成偏重较多的理性指导。根据小学生具体、直观、形象认识事物的年龄特征和心理发展规律,通过各种手段与途径,让学生知道什么是对、什么是错,明确是非,提升认知,约束行为。情商教育主要是通过对非理性因素的挖掘,促使学生更好地看待事物,面对生活充满积极性,更真实地享受生活,领悟人生真谛,因而是感性的。

(4)外显与内隐

行规养成,成果外显,从学生外显的行规表现,来决定之后是否还要对学生进行行规养成教育的训练。一段时间的有效训练,从关注学生行为即能看到成效。情商教育往往是内敛的、潜移默化,学生在接受情商教育并落实到行动上需要很长一段时间,旁人无法在短期内感受到其变化,只有在具体的事情处理上,才会感受到情商教育的效果。因此,情商教育的效果显现是延时的、潜隐的。

(5)外部强化与体验引导

行规养成通常运用奖励和惩罚这类有效的外在力量,可以起到强化作用，培养学生辨别是非的能力，从而使学生形成良好的行为习惯。情商教育更多的是体验式引导，侧重于通过倾听、认可、整合、支持来赋予学生更多的力量，单一的强化手段会起到画蛇添足的负效应。

(6) 与智力因素关系

智商是情商的基础。任何情商都必须建立在一定的智商的基础之上，没有基本的智商，就不可能存在任何情商。智力活动可以转化、产生情感智慧，智商对情商起着非常重要的作用。行规养成教育，对智力基础的要求则没有情商教育的要求高，只要能按照要求约束自己的行为即可。在现实生活中通过教育者有目的、有计划、有组织的训练，行规好，但智力并不高的学生大有人在。可见，行规养成与智力因素关系不大。

(7) 及时评价与延时显效

行规养成教育中，及时反馈、评价起着至关重要的作用，是促进学生良好行为习惯养成的重要手段，起着激励、强化、导向、监督等作用。而情商教育主要针对的是人的内心，更偏重于情绪的调整、控制，因此并没有可以参考量比的具体评分标准。而且情商的教育效果相对滞后，且较为隐性，因此不需要也不能做出及时的反馈、评价。

(8) 被动与主动

从孩子的角度出发，行规教育中规范他们日常行为的条条框框未必都是他们喜欢的。学生的行为源自要我做，处于一种被动的状态。被动接受是他们成长中不得不面对的现实。情商教育从内在出发，学生的一切行为都源于自我需求，使其所做符合自我价值观，是主动的体验过程。

2. 冲突性

(1) 强制性与自然性

行为规范是社会认可和人们普遍接受的具有一般约束力的行为标准，不仅用以调节人际交往，而且还要实现社会控制，维持社会秩序，因此，对学生来说，来自学校、家庭甚至社会的行规养成，都具有一定的强制色彩,是非自己主观意志为调整的。

情商的发展扎根于现实生活中的人群、事物、事件、环境等,是在生活的点滴中直接形成的属于个人的情感构成系统。情商教育因人而异,在具体的情境中给予适当的指导,通过挖掘学生认识事物的驱动力,使学生自觉产生我该怎么做、不能怎么做的自律。这种在自然状态下养成的情商教育没有任何的强制色彩,而且强制也不能达到教育效果。

(2) 压抑约束与内在自主

行规教育是框架式的教育,主要采取灌输和反复操练的方式以形成教育成果,带有一定的强制性,以压制为主,要求学生忠于执行,学生在遵守规则中会产生压抑感和约束感。每个孩子个性不同,普适的行规在发挥约束作用的过程中,并不会根据孩子个体的实际而分支出更细致的、适合某个孩子个体差异的标准和要求,容易把学生培养成统一模式,缺乏个性、创造力。

情商是一种对自身利益、集体利益和社会利益的认识能力,情商教育重在体验感悟中认识自我,释放情绪,调动学生主观能动性,去自主发现该做什么、不该做什么、怎么做更好,以激发人的内在力量为主。

简单地说就是:行规教育是"要我这样做",情商教育的目的是"我要这样做"。行规教育由于强调规矩的重要性和必要性,容易陷入"约束式""管教式"教育,方式不对会把人管死。而情商教育则是通过为学生提供各种体验式的教育活动,让学生亲身参与和体验,提高个人的情商。情商教育则会把人激活。

根据上述理论阐释和项目运行实践,我们总结出行规养成教育与情商培养相融合的操作原则。

1. 要有正确的价值观引领

行规养成教育和情商培养同在社会主义核心价值观的指导之下,两者的价值导向都与社会道德相融。如行规养成教育中的礼仪教育和情商培养中包含的责任心内容等,都与社会道德主动相融,两者的价值导向体现了社会道德的不同部分。

行为规范是在现实生活中根据人们的需求、好恶、价值判断而逐步形成和确立的,是社会成员在社会活动中所应遵循的标准或原则,由于行为规范是建立在维护社会秩序理念基础之上的,因此对全体成员具有引导、规范和约束的作用。引导和规范全体成员可以做什么、不可以做什么和怎样做,是社会和谐重要的组成部分,是社会价值观的具体体现和延伸。

小学生正处在人生成长的关键时期,其世界观、人生观和价值观的形成至关重要。因此,我们对小学生进行情商教育时,要引导小学生正确认识自我、认识社会,树立正确的人生方向,使小学生树立正确的世界观、人生观、价值观,并成长为一个心智健全、人格完善的人。

2. 教育的动力原点是爱

爱是人类存在的本源,爱是生命的原点,爱是教育回归本真的命脉与血液,爱让生命中的灵魂与躯体、情感和理智、道德和知识、智慧与美丽共存一体。

爱的教育影响孩子一生的幸福。对孩子进行爱的教育,让其懂得爱的内涵,懂得正确对待各种爱——亲情之爱、友情之爱、人间之爱,让其明白具有爱心是不可缺少的美德,也是生存所必需的情感。一个不懂爱、缺少爱的人不会体验到生活的美好,也难以正确地处理与他人之间的关系,更难以对他人施以爱心。

陶行知说过:"爱是一种伟大的力量,没有爱就没有教育。"因此,无论是在行规养成教育或是情商培养中,我们都要积极引导孩子体验情感生活,把握好"爱"的时机,多与孩子沟通情感、多给孩子讲些有关爱的故事,多让孩子看与爱有关的短片来激发孩子的爱心。在做好孩子的榜样,让孩子懂得感恩,对孩子付出爱的同时,用心让孩子懂得爱是平等的,是双向的,是相互付出和得利。从小在孩子的内心种下爱心的种子,让它在孩子的心中生根发芽,成为孩子行为习惯的一部分,将会使孩子终身受益。

3. 要激发向上的动机

动机，在心理学上一般被认为涉及行为的发端、方向、强度和持续性。动机为名词，在作为动词时则多称作"激励"。在组织行为学中，激励主要是指激发人的动机的心理过程。通过激发和鼓励，使人们产生一种内在驱动力，使之朝着所期望的目标前进。

动机本身不属于行为活动，它是行为的原因，不是行为的结果。每一个行为的引发，都需要通过动机的形式表现出来，所以行为和动机的关系是非常紧密的。因此在行规养成与情商培养相融合教育中，教师要关注学生行为的动机，要根据学生不同的愿望，针对个体情况，在综合素养的培养中有效提高其行规水平和情商水平。

4. 良好的家庭教育至关重要

0~15岁是行规、情商培养的关键期，是两项教育关键期的重合期。在个案研究中，我们不难发现，良好的家庭教育在其中起着至关重要的作用。家庭是孩子首要的教育场所，父母更是孩子第一个也是终身的老师。孩子一出生，就受到家庭环境、家人行为的种种影响，接受着潜移默化的教育。良好的教育影响，有助于孩子形成良好的行为习惯，为其正确人生观、价值观、世界观的形成打下扎实基础；有助于孩子情商的健康发展，让其有足够的能力和健康的心态迎接生活中的低潮与挑战；让孩子今后有能力去经营一个成功与快乐的美好人生。

多数家长仍是等孩子出现做事拖拉、规则意识淡薄、脾气暴躁、胆怯不善交往、抗挫折能力差等问题之后，才开始意识到家庭教育的问题，等孩子过了最佳受教育期，才开始想办法弥补，往往为时已晚。孩子的成长之路不能重来，要想补救扭转，可能要花费成倍的精力与努力，且效果往往不尽如人意。作为教师，在学生行规养成与情商培养方面不能仅仅关注学校教育这一块，更要深入研究家庭教育的相关理论，两相结合，给予家长切实的指导，携手家长共同帮助学生健康成长。

5. 注重班干部的情商培养

对学生个案研究发现，小干部的情商培养不容忽视，小干部的情商培养主要靠学校教育。作为班主任,在培养小干部过程中,除了关注其学习、行规、工作能力,情商的培养也不容忽视。情商的高低直接影响小干部的工作能力和他在同伴中的威信。培养的过程中应注意以下几个方面:① 培养班干部准确定位自己;② 培养班干部适时调整情绪的能力;③ 培养班干部协调伙伴关系的能力;④ 培养班干部不断砥砺图强的意志;⑤ 培养班干部保持平常之心。

6. 对突发事件的处理启示

日常生活中,学生由于各方面因素的共同影响,会出现情绪失控、做出偏激行为的现象。遇到这类突发事件,如何有效处理,考验着班主任的智慧。这是一个灵活、复杂的过程,班主任除了要迎难而上,有满腔的热情、万分的耐心,更需要从学生实际出发,从学生内心出发,应用情商教育相关理论。

孩子有自己主观的感受,有自己独立的人格,任何人都不能替代另一个人的感受,所以对孩子的情绪和感受我们应该无条件地接纳与包容。接纳孩子的情绪就是无论孩子处在哪一种情绪中,都要对他的情绪给予关注、尊重和理解,而不是反对、压制甚至恐吓他。站在孩子的心理和情绪的角度去感受孩子,不仅给予了孩子更多的理解和爱,同时能有效帮助孩子释放负面情绪,回到冷静思考处理问题的轨道上来。这一过程,对学生和教师自身都是一种提升。

经过较为系统的理论与实践研究,我们对行为表现与情商之间的关系有进一步的认识与理解。

1. 行规水平低的孩子,一般情商也不高;情商不高的孩子,大多行规水平也较低

人们往往错误地认为情商与一个人的性格内向或外向有关,一般性格内向的人被错误地理解为不合群,不善于与人沟通,情商偏低。本书研究发现,情商与性格不必然相关。心理学家荣格根据人的心态是指向主观内部世界还是客观外在世界把人分为两种类型:内向与外向(也称内倾与外倾)。内向性格的人心理活动倾向于内部

世界，他们珍视自己的内在情感体验，对内部心理活动的体验深刻而持久。外向性格的人心理活动倾向于外部世界，经常对客观事物表示关心和兴趣，不愿苦思冥想，常常要求别人来帮助自己满足自己的情感需要。在现实生活中，很少有绝对的或者说典型的内向（内倾）或外向（外倾）型的人，大多数人属于中间型，并且人们在不同的时期或不同的场合会表现出不同的性格特征。可见，情商的高低与性格的内外向没有直接关系。

行为水平低的学生通常表现为：自我控制能力差，不能与同伴友好相处，不能很好地遵守学校行为规范等。这些孩子往往意志力不强，不能很好地控制自己的情绪，自我意识过强，人际关系差。而高情商的典型表现为：① 自动自发；② 目光远大；③ 擅于控制情绪；④ 充分认识自我；⑤ 高人际技巧；⑥ 能承受压力；⑦ 自信而不自满；⑧ 人际关系良好，与朋友或同事能友好相处；⑨ 擅于处理生活中遇到的各方面问题；⑩ 认真对待每一件事情。

因此，我们认为行为水平低的孩子，一般情商也不高。情商不高的孩子，大多行规水平也相对较低。

2. 行规表现好的孩子，情商未必高

一部分"听话"的孩子，可能天性就很温顺，比较胆怯，不敢或很少坚持自己的意见，对家长或老师言听计从，不会有任何的反对意见。因此他们的行为习惯表现较好，但这样的孩子情商却不一定高，这反而是孩子独立性差、没有自信心的表现，孩子内心也容易积累负面情绪。实践行规养成与情商培养相融，能帮助班主任更为关注班级里这类"乖"孩子的教育，积极引导并帮助孩子形成健全的人格。

3. 情商高的孩子，一般行为水平较高

现代心理学的研究已经发现，一个人的心理活动有三个要素：认知、情感和行为。其中，情感是起主导作用的。情感是人类一切行为的原动力，认知和行为都是依赖于情感的。这里所说的情感是情绪与情感的统称。这两个概念在心理学上通常都定义为"人对客观事物所持的态度体验"。行为往往由情绪引发，情绪总是伴随着相应的面部表情和身体姿势,情绪与行为是密不可分的。启动行为的首要是情绪,而非理性。

情商高的孩子擅于控制自己的行为,能在合理的范围内做出行为,那是因为他们擅于控制自己的情绪,促使头脑冷静、行为理智。一个人能抑制感情的冲动,克制急切的欲望,及时化解和排除不良的情绪,就能使自己始终保持一种良好的心境,心情开朗,胸怀豁达,心理健康。当遇及让自己感到烦恼的事情时,他们可以自己及时化解,绝不会做出一些极端的事情来。由此,我们发现要求学生行为符合规范,要求他们在适当的时候做出适当的行为,除了传统的加强行规教育,更应关注学生的情绪,指导学生管理自己的情绪,情商培养的意义就在于此。

以上是班主任团队理论研究、个案研究的成果。本书呈现的是团队成员积极深入实践探索,结合《2017版中小学生守则》内容,整合九大方面"爱党爱国爱集体""明理守法有美德""好思乐学善自理""明确角色负责任""诚实守信重言行""互助合作乐奉献""孝亲尊师知感恩""珍爱生命健身心""保护环境爱家园",48个常见的问题情境,通过"一般思路""聚焦结合点""另辟蹊径"三个板块来实践我们行规养成与情商培养相融合研究的教育案例集,希望能给一线的班主任点滴启发,抛砖引玉,为今后更深入地研究提供实践资料。

2018年10月

目　录

一　爱党爱国爱集体 …………………… 戚　瑜 / 1

二　明礼守法有美德 …………………… 叶　军 / 22

三　好思乐学善自理 …………………… 石　磊 / 32

四　明确角色负责任 …………………… 章春梅 / 50

五　诚实守信重言行 …………………… 张　玲 / 65

六　互助合作乐奉献 …………………… 赵　霞 / 81

七　孝亲尊师知感恩 …………………… 陈伟英 / 93

八　珍爱生命健身心 …………………… 李敏婕 / 112

九　保护环境爱家园 …………………… 陈中华 / 127

致　谢 ………………………………… 王律言 / 146

一　爱党爱国爱集体

平凉路第三小学　戚　瑜

【问题情境1】

齐唱国歌　小李假唱

又到了每周一的升旗仪式,同学们都面向国旗高唱起国歌来,只有小李光动嘴,不发声。回到教室后,排在小李旁边的同学便过来批评他唱国歌时假唱。可小李却理直气壮地说:"反正全校有那么多人都在唱,少我一个,老师也发现不了,干吗大惊小怪的?"

【一般思路】

遇到这种情况,班主任一般会采取怎样的方法进行教育呢?他们会把假唱的现象统统归咎于学生思想觉悟低、不重视,于是采取的方法无非是给学生讲大道理,或者制订规则,加强唱国歌时的纪律监督。简单地说,就是"说理教育"和"规则约束"。但是,这样的教育管用一时,却难以深入学生的内心,因此效果也就难以持久。

升旗仪式上面对国旗高唱国歌,是小学生的一条基本规范,要让每个小学生自觉遵守这条规范,仅仅诉诸理性是不够的,还必须有"情"的发动和参与。

我认为,小李假唱国歌的原因无非有以下几种:练习不够,张口忘词;自信不足,害怕出丑;意识淡薄,敷衍了事……第一种原因属于能力问题,只要加强练习,不难解决。而第二种原因,是学生怕在大庭广众面前出乖露丑。如果小李同学属于这种情况,仅仅通过提高他的认识是不行的。只有帮助学生树立自信,克服心理障碍,才能从根本上得到改变。第三种原因,如果不能调动起学生对祖国浓烈的情感,仅仅靠讲大道理,也难以保证行为的持久。自信心的培养和情感培养,这些都属于"情商教育"的范畴。

【聚焦结合点】

那么,针对假唱国歌的后两种原因,如何将行规教育与情商培养结合起来呢?

1. 培养自信,克服心理障碍

据调查,升旗仪式上不敢大声唱国歌,在中小学生中是普遍现象,这是从众心理作祟,害怕自己唱得太响会被人笑话。这是一种"自我设限",即"我"不能标新立异,否则会出丑。其实,带头唱响国歌是一件很光荣的事。要克服"自我设限",可以通过心理训练。比如,第一关,站在空旷的操场上,蒙上眼睛,大声唱歌;第二关,到有人的地方大声唱,观察是否有人笑话你,实际上,路人顶多看你几眼,不会长时间关注你……

要克服"自我设限",还可以通过心理课对学生进行疏导,比如开展"一杯水的容量"游戏。老师拿来一杯水,清澈见底,水面距离杯口只有两毫米。接着,老师请任意两位同学上来,将回形针一个一个地放入杯中。学生会惊奇地发现,水面高出了杯口竟然没有溢出来,已经满了的杯子竟然还能装下上百个回形针。通过这一杯子游戏,学生可以明白"面对自己的能力,永远不要说'不可能'"。

此外,老师还可以带领学生学唱国歌,进行国歌歌唱比赛,提高学生演唱国歌的技巧,提升学生高唱国歌的自信。如果能定期开展"唱响国歌我最棒"之类的活动,通过及时表扬增强学生的自信,可以进一步提高学生唱国歌的积极性。

2. 情景体验,激发爱国情感

奥运会期间,每每看到奥运健儿奋勇拼搏、勇夺桂冠的情景,大家总是心潮澎湃。特别是奥运健儿高唱国歌、亲吻金牌的时候,观众一样特别激动。要是在学生中开展类似的情景体验,学生会不会感同身受呢？于是，我组织学生观看2016年里约奥运会女子排球决赛。面对塞尔维亚的强有力挑战，中国女排在先输一局的情况下加强发球和拦网，朱婷的一锤定音、袁心玥的探头球、徐云丽的背飞、惠若琪的发球破攻……都把局势一点一点往回扳。最后时刻，惠若琪扣球得分，中国队25∶23拿下第四局，总比分3∶1获得胜利。中国女排赢了！女排队员们围成一个圈，激动得都像小孩子。惠若琪哭成泪人，朱婷和郎平紧紧相拥。女排姑娘们不放弃、不服输、紧紧团结在一起的精神，就是我们中国人的骨和魂。在女排姑娘们胜利的那一刻，我和同学们也热血沸腾，热泪盈眶，激动得不能自已。在颁奖仪式上，当主持人宣布中国女排为本届奥运冠军时，整个会场顿时沸腾起来，教室里也爆发出了雷鸣般的掌声，同学们是那样激动，仿佛这金牌也和他们有关。最激动人心的升国旗唱国歌时刻到来了，女排运动员们凝视国旗，高唱国歌，同学们也纷纷主动站起身来，和中国女排一起放声高唱《中华人民共和国国歌》。我趁热打铁，又为学生播放了"最帅中国观众，杨烁奥运赛场唱国歌激动哭红眼"的视频。看到视频里的杨烁热泪盈眶，手举五星红旗，脸上印着国旗图案，学生们再一次激动起来，在雄壮的国歌声中，同学们仰望国旗，跟着杨烁、跟着女排运动员们又一次放声歌唱《中华人民共和国国歌》。

【另辟蹊径】

1. 两两结伴，互助互利

学生可能会因为觉得自己的嗓音不够出众，担心自己无法唱好国歌，而选择滥竽充数，或者沉默放弃。但是，如果两位同学一起唱国歌，相互打气、鼓励呢？那么他们会发现自己原来唱得蛮好的。在他们相互鼓励的同时，也给对方送去了自信。因此，给他找一个互助伙伴，也不失为一个好办法。

2. 体验教育，自主内化

情商养成教育应注重体验，注重学生自主内化。观看一部国旗班护卫队的纪录片（纪录片：走进帅气国旗班护卫队），可以给学生一次全新的体验。在观看之前,可以让学生阅读一些国旗班的资料(新华网:国旗护卫队光环背后的故事),让学生对国旗班护卫队先有一个初步的认识。在观看国旗班护卫队的纪录片片段之后,还可以让学生相互交流观后感、交流自己收集的资料。当学生看到国旗护卫队的战士为了练好站功的基础课,"腰插十字架,领别大头针,背贴硬板床",他们不禁挺直了自己的小腰杆;当学生看到国旗护卫队的战士为了练好走功的入门课,腿绑沙袋、脚压砖头、尺量步幅、表测步速,他们不禁发出了"太了不起了"的赞叹声。在学习国旗班战士的事迹中,学生感受到了战士们热爱祖国、守护国旗、用生命捍卫国家荣誉的精神,学生对国旗也产生了一种难以割舍的情感,纷纷表示要向战士们学习,"护卫国旗重于生命"。

如果情商教育能和家庭教育有机结合,更能起到事半功倍的效果。因为对孩子影响最大的是父母,父母应承担提高孩子情商、健全孩子心灵的重任。在学生学习了国旗班护卫队的精神之后,家长可以趁热打铁,带孩子去观看一次庄严的升旗仪式,可以去北京观看神圣的天安门升旗仪式,也可以在上海本地观看。这是非常有意义的事情,在雄壮的国歌声中,解放军战士威严肃穆地走向旗杆,五星红旗和火红的太阳同时冉冉升起,那么鲜艳,那么光彩夺目。在那庄严的时刻,学生一定会被深深地感动,这也将成为他们人生中难忘的回忆。会唱国歌、唱响国歌,也会成为每一位学生引以为豪的事。

【问题情境2】

抗战阅兵　彤彤不看

2015年9月3日,彤彤全家围坐在电视机前,观看了纪念中国人民抗战暨世界反法西斯战争胜利70周年的阅兵仪式。与此同时,彤彤妈妈还拿出手机,拍下了全家手举国旗、一起观看阅兵仪式的照片,并上传到了班级微信群和同学们分享。此时的班级微信群热闹不已。"解放军叔叔雄赳赳气昂昂,太帅了。""祖国万岁!""我骄傲,我是中国人!"可是,看了一会儿,彤彤就不耐烦了,拿起iPad玩起游戏来。

【一般思路】

那么雄壮威武的阅兵式,彤彤怎么看了一会儿,就不要看了呢?原来,彤彤看了一会,发现这个阅兵仪式是为了纪念中国人民抗日战争胜利的。抗日战争胜利已经是70年前的事情了,和现在的小学生有什么关系?如今的小学生生活在幸福的和平年代,抗日战争那段艰苦的、惨烈的历史只在电视、电影里见过,彤彤自然不能体会先烈们浴血奋战的艰辛,不能明白中国人民曾经巨大的民族牺牲,也不能明白全国人民一起观看这个阅兵仪式的重要意义。

另外,彤彤同学可能认为,小学生应该专心读书,多学点知识,取得好成绩才是首要任务,国家大事跟小学生的距离很遥远,没什么关系。显然,彤彤同学的观点十分肤浅。

其实,关心国家大事不分年龄。古人云,风声雨声读书声声声入耳,家事国事天下事事事关心。小学生不能"两耳不闻窗外事,一心只读圣贤书",不能只关心眼皮底下的事,更应主动关心国家大事。只有从小关注国家发展,关心国家命运,与祖国同呼吸、共发展,长大才能为祖国做出更大的贡献。

而且,小学生也是公民,每一个公民都应该了解自己国家的大事,每一个公民都应该热爱自己的国家,也都有权利和义务关心国家大事。关心国家大事,这不仅能培养小学生的爱国之心,而且能开阔小学生的眼界,学到许多在课本上学不到的东西,使之感受到一个国家繁荣富强的重要性,感受到学习知识的重要性,从而树立自己的目标——要努力学习,以后为祖国效力!

【聚焦结合点】

小学生应该从小养成关心国家大事的习惯,做一些力所能及的事情。因为人的良好品格是从小培养出来的。历史上有不少伟人从小关心国家大事的故事,毛泽东主席曾在16岁的时候写了一篇作文,作文的题目是"言志",他联系人民的疾苦、民族的危急、祖国的前途,把自己立志救国救民的抱负写了出来。周恩来总理12岁时看到中国人被外国人欺负,立下了"为中华之崛起而读书"的宏伟壮志,把一生献给了我们伟大的祖国。还有更多的伟人把自己的命运和国家的命运紧紧联系在了一起。

现在的孩子生活在和平年代,从小过着优越的生活,很难体会幸福生活的来之不易。作为老师可以抓住几个教育契机,对彤彤以及全班学生进行宣传和教育。

第一,抓住升旗仪式的特定契机。在国庆节主题升旗仪式上,老师可以请彤彤作为学生代表在领操台上讲述抗日战争期间抗日小英雄的故事,提醒全体师生"勿忘国耻,奋发图强"。这样既让同学们了解了抗战历史,也增强了彤彤的民族自豪感。

第二,利用午会课或十分钟队会时间深入介绍抗日战争。学生们通过收集资料,讲述历史,能更直观地感受到抗日战争胜利的不易,更能懂得谨记历史、居安思危的意义。

第三,召开"铭记历史"的主题班会。通过主题班会活动,让学生铭记历史,牢记中国人民为维护民族独立和自由、捍卫祖国主权和尊严建立的伟大功勋,牢记中国人民为世界反法西斯战争胜利做出的伟大贡献。如果让彤彤在主题班会上参加抗日小英雄的故事表演,应该更能增强她的民族自豪感。

【另辟蹊径】

作为老师,还可以引导小学生了解关心国家大事。国家大事有方方面面,小学生关心国家大事的方式也多种多样。

首先,老师可以鼓励学生每天看半个小时的《新闻联播》。像彤彤这样不爱看新闻的孩子,老师可以指导彤彤阅读《少年日报》《小学生学习报》等更加贴近学生生活的报纸杂志,这些都可以让学生或多或少地了解到一些国内外发生的事情。当国家发生重大事情时,老师还应该和学生一起关心国家大事。比如,组织学生观看"神舟"飞船发射实况转播,引导学生感受我国航天事业的飞速发展,近距离感受国家经济发展带来的繁荣富强,带来的航天军事实力的剧增!通过观看精彩视频,可以激发学生对航天事业的热爱,强化学生热爱祖国的民族归属感和民族自豪感。教师还应该向学生家长宣传,请家长在家里陪同孩子继续跟进国家大事。

其次,教师可以引导学生关心自己身边的大事,如少先队代表大会。在少代会召开之前,老师应对学生加强宣传,鼓励队员就社会、学校、家庭、辅导员和少先队组织本身提出意见、建议,把提案投入"少代会"民主信箱提交大会讨论。少代会召开时,还要鼓励学生们积极参加少代会代表竞选,参加少先队员们自己的盛会。

另外,作为老师,还要充分发挥社会实践活动的育人作用,鼓励学生积极参加社区服务活动。比如,老师可以在植树节带领学生栽种树木,在学雷锋日上街做好人好事,在建军节组织学生去部队参观,在重阳节带领学生到敬老院慰问孤老……这一系列的活动都可以培养学生的社会责任意识和服务意识,提高学生的实践能力,让学生更了解国情乡情,为学生成长、成才、成功奠基。

【问题情境 3】

出国旅行　小亮自贬

小亮暑假里和爸爸妈妈去了美国旅行,回来后身穿国外名牌服装,脚踩国外名牌旅游鞋。逢人就说,美国的环境怎么好,美国的东西如何便宜,还说以后不再参加国内游了,国内旅行环境欠佳,设施太差,档次太低。

【一般思路】

一直以来,有些人总有一种崇洋媚外的思想,认为外国的空气质量、外国的社会治安、外国的文明素养、外国的物质生活、外国的精神生活、外国的人权意识等,都好于中国。其实,这是一种片面的看法,这种看法蒙蔽了许多人,包括思想尚未成熟的小亮。事物都有两面性,我们国家也有许多让中国人引以为豪、让外国人羡慕不已的地方。

中国是世界四大文明古国之一,有着五千年的文明史。作为礼仪之邦,我国古代有不少领先于世界的发明创造,有令中国人引以为傲的灿烂文化,有流传至今的优秀传统美德。中国的治安非常好,没有枪支泛滥,晚上出去玩也没什么危险。还有很多外国人都非常喜欢中餐,觉得中国的食物好吃得不得了……在不少外国人眼里,中国可是非常适合居住的地方。那么,为什么小亮没有看到生活在中国的优越性呢?

1. 缺乏多角度的正面引导

由于西方文化的传入,相对削弱了中国传统文化在学生中的传播。小亮是小学生,心智发展还不完全成熟,对国家的认识、对中国传统文化的认识还处于初级阶段,十分需要老师和家长进行多角度的正面引导。

2. 缺少完整正确的认识

小亮只是一个小学生,还没有真正接触了解西方社会。他对国外的一些认识,大都是从大人们那里听来的,是一些道听途说的无序组合,缺少整体感知。更重要的是,小亮对自己的祖国知之甚少。几千年前,我们的祖先就创造了文字,至今仍在使用。两千多年前,中国就出现了诸子百家的盛况,老子、孔子、墨子等思想家上究天文、下穷地理,广泛探讨人与人、人与社会、人与自然关系的真谛,提出了博大精深的思想体系。他们提出的很多理念,如孝悌忠信、礼义廉耻、仁者爱人、与人为善、天人合一、道法自然、自强不息等,至今仍然深深影响着中国人的生活。

【聚焦结合点】

习近平主席在第十二届全国人大一次会议闭幕会上发表讲话:"中华民族具有五千多年连绵不断的文明历史,创造了博大精深的中华文化,为人类文明进步做出了不可磨灭的贡献。经过几千年的沧桑岁月,把我国 56 个民族、13 亿多人紧紧凝聚在一起的,是我们共同经历的非凡奋斗,是我们共同创造的美好家园,是我们共同培育的民族精神,而贯穿其中的、最重要的是我们共同坚守的理想信念。"

小亮由于缺少对国家、对中华传统文化的认识,所以才说出自贬的言论。怎么帮助和教育他呢?

1. 培育社会主义核心价值观

以爱国主义为核心的民族精神,是社会主义核心价值体系的精髓。加强爱国主义教育,发扬爱国主义精神,是学校德育的基本任务和主要内容,也是学校工作的重中之重。

作为教育工作者,应该把培育和弘扬社会主义核心价值观作为凝魂聚气、强基固本的基础工程,继承和发扬中华优秀传统文化和传统美德,广泛开展社会主义核心价值观宣传教育,积极引导学生讲道德、尊道德、守道德,追求高尚的道德理想,不断夯实中国特色社会主义的思想道德基础。

社会主义核心价值观的培养,关键是要从学生的发展角度去确立教育目标,求真务实,要将社会主义核心价值观的建立转化为小学生自身道德发展的需要。学校要发挥教育的主阵地作用,培育与践行社会主义核心价值观。

2. 加强礼仪教育

礼仪教育是肩负着选择、传递、弘扬中华民族传统文化的崇高使命的重要载体,一方面它把优秀的中华传统礼仪转化为学生的内在道德结构;另一方面在此基础上形成崭新的时代精神风貌。

礼仪可以从内部塑造一个学生的道德品质和优良素质。在日常生活中,教师应注重学生基本礼仪的养成和强化,比如见到老师同学要鞠躬问好,这是礼貌待人,是对他人的一种尊重;升国旗要行注目礼,少先队员要行队礼,这是培养爱国主义情感;公共场合不要大声喧哗;这都是自身良好素质的优良体现和个体道德养成的有效途径。

3. 重视节日教育

教师可以利用端午节、中秋节、劳动节、国庆节等节日,结合节日的特点,开展"我们的节日"主题教育活动。培养孩子热爱祖国、关心亲人、劳动最光荣的思想。学校还可以结合重阳节、教师节、母亲节等节日,动员学生为爸爸、妈妈捶背洗脚,为长辈、老师制作贺卡,以表达对师长的尊敬,对老人的感恩之情。通过开展感恩活动,让传统文化思想走进学生的心灵世界。

4. 学习国学经典

通过经典诵读等一系列教育教学活动,把学习祖国优秀的传统文化与培育有理想、有道德的接班人结合起来,为学生树立正确的人生观、价值观打下坚实的基础。还可以通过主题班队会、诗歌朗诵、演讲比赛等,开展以国学经典为主题的古诗文情景剧比赛、主题征文比赛、书法绘画比赛、主题板报比赛等活动。

【另辟蹊径】

爱国主义教育应该渗透于学校生活的方方面面,如课堂各科教学、课外活动、日常行为规范等,努力将这些观念与学生的实际生活感受结合起来,才能收到实效。

1. 在语文课上了解祖国大好河山

语文课本里那一篇篇文质兼美的文章,有很大的一部分选用了爱国主义题材。像《美丽的小兴安岭》《五彩池》《蝴蝶谷》等文章就描绘了祖国河山的雄伟壮丽,蕴含着对祖国大好河山的赞美之情。如果教师在讲课中将这些美丽的景色演绎出来,让学生在阅读教学中得到深切的体验,相信他们也会向往这些美好的景色,热爱祖国河山的思想感情也就油然而生。

2. 在音乐课上唱出爱国心声

音乐教学是培养学生爱国主义精神的有效途径。它可以通过生动、直观的感性途径去感染人、影响人,并将这种审美情感转化为理性认识,从而产生一种积极健康向上的精神力量,使人的思想道德得到净化和升华。由此可见,音乐教育的本质是审美教育,同时也是人生观、道德观的教育,在整个音乐教育过程中,如果融入爱国主义情感,以音乐的美感来感染学生,以音乐中丰富的情感来陶冶学生,定能培养学生正确的人生观。比如在学习《忆江南》这首歌曲的时候,教师先让学生聆听这首乐曲,感受音乐的美好！在学习歌词的时候,可以让学生先谈谈自己的家乡,谈谈家乡的风土人情,谈谈家乡的美好景物,谈谈家乡的美好故事、传说。老师再抓住这个契机,对学生进行爱家乡教育。

3. 在数学课上了解国家的繁荣富强

教师可以通过对我国数学成就的介绍,培养学生的民族自豪感,增强民族自信心。比如,中国是最早使用十进制的国家。再如,赵爽的"勾股圆方图"领先西方的毕达哥拉斯五百多年。通过数学课上点点滴滴的数学史教育,可以让学生们了解到我们伟大祖国的悠久历史和灿烂文化。

4. 在美术课上欣赏祖国的艺术瑰宝

美术课上,教师对中国历代美术作品的简介和欣赏,可以让学生对祖国极其丰富的古代文化和艺术遗产有一个初步的认识,从而引导学生去理解、领会和感受艺术的美。通过弘扬民族传统文化的审美教育,增强民族自豪感,激发爱国情感,使学生的爱国主义思想越来越浓。

5. 在体育课上感受中华民族精神

教师可以教育学生把体育锻炼和国家利益相联系,懂得体育水平和综合国力的关系。可以引导学生把体育活动和民族精神相联系,树立民族意识,明确体育活动是民族精神的象征,是民族质量的体现。

6. 在课外活动中提升爱国精神

在课外活动方面,教师可以采用讲座、报告会、读书会、知识竞赛、参观等形式,有计划、有目的地让学生了解中国的近现代史,熟悉国情和改革开放所取得的成就,引导学生进行比较和思考,坚定党的基本路线和建设有中国特色的社会主义的观点。

【问题情境4】

小欢领巾　变了模样

天气炎热,小欢穿着圆领衣服,脖子上戴着红领巾,一会儿就湿了，他觉得分外不舒服。于是，他一把扯下红领巾随手塞进书包。湿哒哒的红领巾被杂乱的书本压着，皱巴巴的。老师来检查少先队员标志时，他慌忙从书包里抽出红领巾往脖子上挂，可怜的红领巾已经变成了"咸白菜"。

【一般思路】

"你的红领巾怎么皱巴巴的？"

"作为一名光荣的少先队员，要时刻带好红领巾，这是革命烈士用鲜血染成的呀！"

"快，戴好你的红领巾。否则我们班又要被扣分了。"

"你看你，这红领巾已经皱巴巴的了，回家洗一洗，熨熨平。或者买一条新的吧，这条也太旧了。"

大多数情况下，这是老师们看见学生没有佩戴红领巾后的"金玉良言"。殊不知，如此苦口婆心的话在多数孩子耳朵里是陈词滥调、老生常谈。

老师们总是一遍又一遍、不厌其烦地向学生们介绍，红领巾是少先队员的标志，它代表红旗的一角，是革命烈士的鲜血染成的，它象征着少年先锋队的前身——童子军在艰苦的环境中满腔热血地投入革命事业，并经历了血与火的考验。佩戴红领巾就是让我们不忘前辈，永远铭记革命烈士的丰功伟绩。

【聚焦结合点】

为什么神圣的红领巾竟被一些同学看得轻描淡写、无足轻重呢？红领巾在这些同学眼里到底扮演怎样的角色呢？学生们对待红领巾的真实心理又是怎样呢？

上学前，学生手忙脚乱地应付起床、梳洗和早餐，每天要佩戴红领巾又增添了一份忙乱与烦琐，再加上自己动手能力较差，需要妈妈代劳，还要忍受妈妈一次又一次的数落与唠叨，学生不由得会认为戴红领巾是一种累赘，是一种负担。有时由于天热、运动、换衣等原因，类似小欢这样没戴红领巾的同学被值日同学记上名字,影响了集体荣誉。同学的不满、老师的批评,无形中给他们制造一份压力、一种麻烦。为了避免这种麻烦,有的同学干脆要家长一次性买很多条红领巾备用,家里、书包里、抽屉里,到处可见。红领巾被压得皱巴巴的,无关紧要;红领巾丢了,当然也不会放在心上。

【另辟蹊径】

如何让学生热爱红领巾?作为班主任,关键要从情感方面入手,要树立学生的少先队组织意识,强化"我是队组织的一员"的意识,激发学生热爱组织的真情,才能从根本上消除学生不爱护红领巾的心理,才能引导学生用实际行动热爱红领巾,珍惜红领巾。作为班主任老师,可以利用班队活动在中队里围绕"我爱红领巾"的主题开展多层次的教育活动。

1. 学唱红领巾歌曲

班主任可以主动与音乐老师联系,教学生学唱红领巾歌曲,比如《我们是共产主义接班人》《红领巾》《同一首歌》等,给学生营造一个生活在集体中、生活在组织中的良好氛围,让学生在歌声中体会成为少先队员的光荣和快乐。

2. 开展红领巾活动

班主任要以具体的行为规范要求学生,以明确的标准衡量学生,达到规范学生行为、养成良好行为习惯的目的。班主任可以在班级里组织开展有关红领巾的活动,活动内容可以包含红领巾的方方面面,比如:

(1) 开展有关红领巾的主题班会、主题队会。通过班队会活动使学生进一步了解红领巾,懂得要爱护红领巾,热爱红领巾,并时时记住自己是少先队员,要为红领巾增光添彩,做红领巾的小主人,激发队员热爱红领巾、热爱家乡、热爱祖国的优秀品质。

(2) 比赛戴红领巾,从动作规范、美观大方、干净整洁等方面进行评价,既进一步规范了少先队员佩戴红领巾的良好习惯,又增强了少先队员的自豪感和光荣感。

（3）开展"我为红领巾增光彩"入队仪式。新队员在鼓乐声中光荣地戴上红领巾，增强了少先队员意识，培养了少先队感情，他们带着自豪的心情愉快学习，红领巾的力量让他们朝气蓬勃、灿烂生动。

（4）进行"飘扬的红领巾"讲故事活动。用故事引领同学们崇德向善、见贤思齐，希望同学们在传统美德故事中，净化心灵、陶冶情操、指导行为。

（5）开展"自己清洗红领巾""整理折叠红领巾"系列活动。这样的活动不仅能锻炼孩子的动手能力，更能让他们体会到作为一名少先队员的光荣，懂得要爱护红领巾、珍惜红领巾的重要意义。

……

一系列的活动比赛会给予学生良好的行为指导，纠正学生不良的习惯，学生爱护红领巾的风气也会逐渐形成。

【问题情境5】

教室关灯　无人关心

今天出操时，三(3)班因为教室的灯没有关而被大队部的老师点名批评了。回到教室后，班主任老师询问大家为何离开教室不关灯？结果发现负责关灯的同学今天生病没有来。少了小岗位负责同学，没有人关心教室的灯是否及时关闭。

【一般思路】

在不少班级里，岗位分工、岗位职责往往是非常明确的。每一位同学都有自己负责的岗位，不可懈怠，也不能逾越。如果负责关灯的同学因为生病而没有履行职责，一般班主任是不会追究他的责任的。但班主任也不会任由岗位空缺，寻找一位同学补位是常规的做法。有的老师可能会安排两位"节电员"负责关灯，如果一位同学因病缺席，还有另一位同学可以负责关灯。有的老师可能会临时找一位同学,请他暂时代替"节电员"负责关灯。还有的老师不想麻烦其他同学,反正就一次两次,就自己代劳吧!

有些班主任老师自尊心较强,如觉得大队部老师的点名批评有损班级颜面,可能会对全班同学进行教育,希望班级的每一位同学能自觉自愿,离开教室时及时关灯,自觉补位。这样的教育可能会有一定的效果,但是也有同学会犹豫不决,因为不知道该不该"多管闲事"。

【聚焦结合点】

俗话说得好:"班级是我家,建设靠大家。"可是有许多学生缺少责任心,没有作为班级小主人的意识,他们只愿意守着自己的"一亩三分地",对于别人的岗位职责,则"事不关己高高挂起"。

现在的学生为什么缺乏责任心?其实,许多学生缺乏责任心往往并非出于本心,而是受到外界环境的影响。

首要原因在于独生子女问题。在独生子女结构的家庭中,家里的大人都围着孩子转,孩子力所能及的事家长也不免代劳,甚至书包家长都要替他们背。在这样的环境中成长的孩子难免对自己应做的事缺乏责任心。孩子做错了事,许多家长为了保护孩子,甚至代替孩子去向别人道歉。这更在无形中助长了孩子"以自我为中心""唯我独尊"的意识。如果对自己的事情都不愿意承担责任,更别提为别人承担什么了。

其次,家长对孩子的期望影响了责任心的形成。现代社会,家长们对孩子所有的期望都放在了学习上。很多家长认为孩子唯一需要做的就是学习,其他任何事情都不需要做。"家里什么都不用你做,只要好好地学习,将来考个好大学就是我们最大的愿望了。"这是许多家长经常挂在嘴边的一句话。殊不知,他们无形中剥夺了孩子的责任心。没有责任心的孩子在学习中同样也会是这种态度,自己的事情要别人监督才能完成。比如在家做作业拖拖拉拉,家长不监督,作业就不能完成;做值日,教师不在场,扫把垃圾满天飞。像关灯这样有专人负责的事情,就更加不闻不问了。

再次,社会现象以及社会舆论导向也会影响学生责任心的形成。比如社会上热议的一个话题"面对摔跤的老人,到底该不该扶?"这种现实的社会环境已经潜移默化地影响到了学生人生观、价值观的形成,给学生责任心的养成带来了不少负面影响。

责任心从本质上讲既要求利己,又要利他人、利事业、利社会、利国家,且个人利益同国家、社会的利益相矛盾时,要以国家、社会的利益为重。责任心是一种自觉主动地做好分内分外一切有益事情的精神状态,是思想道德素质的重要内容,是个人对自己的工作、所属的群体、生活的环境所承担的责任,是履行应尽义务的自觉态度,是处理个人与他人、个人与社会、个人与自然等关系的基本要求,是做人做事的根本。

学生如果缺乏责任心,必然会影响集体交给任务的完成,必然会对个人品德的健康发展造成严重障碍,影响其全面发展。苏联教育家马卡连柯说:"培养一种认真的责任心,是解决许多问题的教育手段。""没有责任心就不会有真正的工作。"可见,培养学生的责任心是十分重要、十分必要的。如何在班级管理中培养学生的责任心呢?

1. 以爱育爱,孕育责任心

有人说,爱与责任是一种无声的诺言。其实爱与责任,两者是分不开的,爱是责任的体现,而责任是爱的化身。一个热爱自己、他人、家庭、国家的学生自然而然就会产生责任感。因此,为了培养学生的责任心,就必须对他们进行爱的教育,以爱育爱,让他们在爱的氛围中孕育责任感。同学们忘记关灯了不要责怪他们,老师可以以身作则,随手关灯,用自己的实际行动提醒学生。

2. 尊重帮助,培养责任心

责任感不能强迫养成,而是一种自觉行为。所以教师一定要充分信任学生,而不能靠各种强制手段。让孩子表达意见,让孩子自己做决定,尊重孩子的选择,是培养孩子责任感的一个非常重要的方面。比如,老师可以和学生们一起讨论,怎样才能不忘记关灯,是在开关处贴一句警示标语,还是画一个显眼的关灯标志。在集体讨论和动手操作的过程中,学生们对关灯这件事将产生强烈的责任心。

3. 树立榜样,唤醒责任心

美国心理学家班图拉的社会学习理论认为,人们的品德行为往往是通过观察、模仿榜样而习得的。孔子所说"见贤思齐,见不贤而内自省"也是这个道理。重视对学生身边榜样力量的挖掘既是很好的行为导向,又能消除学生认为责任感高不可攀、可望而不可即的偏见。比如,当有同学主动为班级关灯时,班主任应积极表扬这位富有责任感的同学,并以此为契机引导每位学生审视自己的思想行为。教育家第斯多惠说过:教育艺术的本质不在于传授,而在于唤醒、激励、鼓舞。只有当学生在乎自己在别人眼中的形象时,才会自觉地约束自己的言行,自尊自律。榜样不仅会起到示范作用,班级整体的思想道德水平也会随之提升。

【另辟蹊径】

培养学生责任感的教育不能靠说教,有了责任意识还不行,要通过集体活动调动每个学生的积极性,让学生经历践行责任的事,参与渗透责任心的系列活动,把责任落实到行动上,让学生从小就有对自己负责、对他人负责、对集体负责、对社会负责的意识。因此要特别注重让学生参加实践,让学生在做中学,在做中提高责任意识。

教师可以开展整理书包比赛、洗手帕比赛、折衣服比赛等活动,让孩子从自己的事情做起,将责任感落实到责任行为习惯上,培养他们自立、自强、勇敢、坚强、不怕困难、勇于创新的良好品质和品格。

教师可以利用有教育意义的传统节日,比如母亲节、父亲节、教师节等,对学生进行教育,以此培养学生孝敬父母、尊敬师长、友爱同学、助人为乐、与人友好相处的责任情感和责任行为。

教师还可以适当地引导学生开展一些社会实践活动,比如清扫垃圾、植树种草,积极宣传节能减排。通过一系列的社会实践教育,让学生热爱集体,关心集体,做到在学校在社区表现一个样,爱护花草树木,遵守社会公德,热爱大自然。同时教育学生热爱家乡,热爱祖国,热爱我们赖以生存的地球,热爱全人类。

此外,教师还可以通过开展主题班会来增强学生的责任心,如以"责任在我心中""责任与荣誉"等为主题开展班会活动。这些活动的开展有利于学生养成讲卫生、爱学习、讲礼貌等良好品质和良好的学习习惯。

【问题情境6】

集体活动　我行我素

学校组织秋游活动去欢乐谷游玩。同学们跟随老师,排着队玩起了"旋转木马"。小天玩好后,一扭头发现旁边的"激流勇进"很好玩,连忙朝那儿奔去。同学阻止他,他大叫:"我喜欢'激流勇进',我要先去玩儿!"

【一般思路】

一般情况下,老师会从外出安全的角度出发,在外出之前给学生做一些外出的安全教育工作。比如,老师会通过讲故事、看动画片、看视频、模拟演练等多种形式在教学中开展"安全在我心""不该发生的故事""交通知识讲座"等一系列安全教育,提高学生的安全防范意识和自我保护能力。这样的正面引导或多或少能起到一定的教育作用。

有的老师还会防患于未然,在平时教学生一些自救的办法,希望学生在遇到危险的时候能采取一定的措施,保护好自己。

【聚焦结合点】

表面上看,小天同学在集体活动时我行我素是没有安全意识的表现。但是,如果仅仅对学生进行安全教育,可能收效不大。如果进一步思考小天为什么会我行我素的原因,就能找到现象背后的本质问题。

小天为什么会脱离集体我行我素呢?关键就在于他是一个过于

"以自我为中心"的孩子。这样的孩子,常常以"自我"为圆心,以"个人主义"为半径,画来画去都离不开"自己"这个小圈子,心中没有他人,心中没有集体,缺乏顾全大局的意识。"自我中心意识"过强的学生往往有各种不同的表现。有的学生不会关心别人(包括父母),不善于理解他人,不懂得尊重他人的意见;有的学生自我表现意识极强,对自己的荣誉表现出异常的关心;有的学生遇事特别不冷静,很容易走向极端;还有的学生会因为自己某一方面不如别人而大为光火,整日郁郁寡欢,一蹶不振,甚至产生敌视或过分自责的心理。在集体中,如果人人都"以自我为中心",做事随心所欲,脱离集体我行我素的话,势必会影响集体的凝聚力和战斗力。

"自我中心意识"是存在于当代青少年身上的一个普遍问题,因为我国目前绝大部分中小学生是独生子女。在这种特殊的家庭环境里,父辈、祖辈的关爱与呵护指向十分集中,孩子们生活在一个"爱的焦点"上,从而产生视角的"盲区",很难从自己的角度处理好与他人之间的关系。

作为老师,要帮助小天消除或者淡化"自我中心意识",培养他的集体意识,引导他学会热爱身边的人(包括自己的父母、老师、朋友),学习融入集体。爱因斯坦说过:"优秀的性格和钢铁般的意志比智慧和博学更为重要。"可以说,培养学生的集体意识非常重要。培养学生的集体主义精神,就要求学生个人的行为融入集体之中,个人要服从集体,有时还要牺牲一点个人利益。

为什么要这样做呢?其实,个人的智慧就像大海中的一滴水那样微小,许多工作只有靠集体的力量才能完成。我们每个人都是在集体中成长的,集体需要各种各样个性鲜明的孩子,这样集体这个大花园才会百花齐放、绚烂多彩。

【另辟蹊径】

作为班主任,可以通过创建温馨中队,教育和培养学生的集体意识,来克服学生身上"以自我为中心"的行为意识。

1. 布置温馨教室

班级是学生在校生活的"家"。心理学认为：优美的教室环境能给学生增添生活与学习的乐趣，消除学习后的疲劳；更重要的是，它有助于激发学生热爱班级、热爱学校的感情，促进学生奋发向上。所以，布置温馨教室，是建设"温馨中队"的第一步。可以建立中队"图书角"、中队"展示墙"、中队"星星榜"……所有的布置工作，都应该充分发挥学生的主体积极性。各项具体布置的任务，也要按照同学的兴趣、特长分成小组，每个同学都应承担相应的任务。在布置温馨教室的过程中，需要渗透一种班级精神。这种精神一旦为全班学生接受，将内化为一种集体信念、一种集体心理品质、一种让全班深受鼓舞的战斗豪情。

2. 征集队名口号

为了体现学生的主人翁意识，班主任应有"学生自己的事自己做，并且能做好"的理念，在班级教育和管理活动中，以启发诱导为主，给学生创造自我教育的环境和契机，使学生的能力得到训练和提高。要坚持"从学生中来，到学生中去"的原则，让全班学生都参与班纪、班规、班级公约等制度的讨论，让他们能以主人翁的姿态来关心自己的班级。还可以让学生自主设计中队名称和口号，增强集体凝聚力，锻炼学生的思维能力。

3. 设立服务岗位

教师可以根据每个学生各自的意愿、性格和特长，为他们找到为班级服务的小岗位。师生力争从服务岗位的选择、服务的渠道、服务的途径、服务的评价等方面对少先队员为何服务、怎样服务做一些探索，使队员真正感受到"我为人人、人人为我"。

4. 创建特色小队

学生之间的和谐关系在班集体的建设中非常重要，可以引导每四个小朋友为一个组，建立属于他们自己的伙伴群。它既是一个友谊组，也是一个学习小组。通过平时的校园生活、学习生活和团体生活等，加强伙伴与伙伴之间的友好关系。通过建立特色小队可以引导学生树立责任心、同情心和诚心,从而使学生团结友爱、和睦相处、互相帮助、共同成长。对于一些顽皮的孩子,要鼓励大家发现他们身上的闪光点,用集体的力量去帮助他们;要发挥班干部的作用,让他们在小队中与同学互帮互助、共同进步。学生们还可以参与小组合作学习,增强协作能力,凝聚集体力量。当学生在学习进程中遇到困难时,通过小组讨论,凝聚集体的智慧才干铲除阻碍,让学生从中获得乐趣。

5. 开展特色活动

活动是实现教育的有效形式和途径,班级文化活动具有独立性、主动性和灵活性等特点,更能吸引学生参与。开展丰富多彩的班集体活动,比如主题班会活动、文娱体育活动、社会实践教育活动等,也是增强班级凝聚力的主要形式。每个星期的班会课,每一个传统节日都是对学生进行教育的好时机。通过组织开展内容广泛、形式多样的活动,可以促进学生彼此之间的了解和相互协作,增进彼此友谊,进而升华为集体感情。

学生身上有"以自我为中心"的行为意识是很正常的,也是不可怕的,只要我们正确引导和教育,每一位学生都会成为个性阳光、心态乐观、为人真诚、宽容大度、知恩图报、乐于助人、热爱集体、勤奋上进、尽职尽责的新一代有作为的人。

6. 外出分组活动

外出活动的时候,老师也可以分组设置游玩小岗位。具体操作如下:老师把全班同学分成四五个小组,每组设置一个组长,负责点名工作。每到一个活动地点进行活动的时候,组长负责点名召集小组成员,进行集体活动,不把任何人丢下。每组还可以设置一名"环保小卫士",负责收集同学的零食垃圾。像小天这样的同学,老师就可以请他承担一项工作,在服务同学的过程中懂得外出时遵守纪律的重要性。当学生在全封闭的游乐场里游玩时,老师也可以采取分组活动的形式,让学生们在组长的带领下集体活动,让他们既玩得自由开心,又玩得尽兴。

二　明礼守法有美德

杭州路第一小学　叶　军

【问题情境1】

大笔一挥　到此一游

秋高气爽的日子里，小明随老师和同学们一起到东方绿舟参加秋游活动。他来到一棵古树下，发现树上凌乱地刻有一个个游客的名字，在好奇心的驱使下，他也拿出一把小刀在树上深深地刻上自己的大名，欣赏一番后，满意地离开了。

【一般思路】

"问题情境1"中提到的在景观文物上乱刻乱划是一种不文明的行为。这种行为会导致旅游景区环境污染、景观质量下降。通常情况下，学校对这类问题采取的对应的教育策略如下。

1. 校园宣传教育

学校充分利用校园媒体，如校刊校报、宣传橱窗、黑板报、校园网等集中普及文明旅游知识，强化文明旅游意识，营造文明出游的浓厚氛围。有些学校还会充分利用国旗下讲话、班会课等形式进一步加强文明旅游宣传引导，培育社会文明风尚。

2. 以社会活动为载体的引导教育

除了校内宣传教育，一些学校还会让学生走出校园，走进社会，开展以社会活动为载体的引导教育，同样也能取得很好的效果。例如，以"小手牵大手"亲子活动的形式，参与杨浦区"文明交通　文明出行"志愿者宣传活动，引导学生与家长一起践行文明旅游公约、一起做文明的使者。又例如倡导广大学生在旅游期间争做"学雷锋志愿者",主动捡起景区内游客随手丢弃的矿泉水瓶、果皮、纸屑等,为游客做文明向导,维护旅游秩序,营造良好的人文旅游环境等。

【聚焦结合点】

区别于传统教育,从情商与行规融合教育的角度来看,此问题情境的教育视点略有不同。

问题情境1中谈到"发现树上凌乱地刻有一个个游客的名字",在一个不文明的环境中,人往往会自动降低自我约束力,参与到进一步破坏文明的行列中,这在心理学上叫"破窗效应"。

破窗效应,是关于环境对人们心理造成暗示性或诱导性影响的一种认识。它的核心理念是任何一种不良现象的存在,都在传递着一种信息,这个信息必然导致这种不良现象的无限扩展。上述环境中的不良现象如果被放任存在,会诱使人们仿效,甚至变本加厉。

情商与行规融合教育与传统教育不同的地方就是要关注这个"破窗效应"。

【另辟蹊径】

在班队会上开展一次实践体验活动,创设情境,让学生参与表演、讨论。

1. 学生参与,演绎故事

故事情境主要内容如下:一辆行驶在马路上的货车在转弯时翻车了,车上载满的水果撒在了路边,一群路人上去哄抢。有两人走过,甲禁不住诱惑也捡拾起路边的水果,乙不为所动。没想到事后车主报案,恰巧路边有摄像头,抢水果的人都被传唤教育退赔,并被记录在诚信档案上。甲懊悔不迭。

2. 分析故事,引发思考

(1)"破窗效应"在故事中是指什么现象?("一群路人上去哄抢"。)

(2) 你如何看待路人甲和乙截然不同的做法？（撒在地上的水果对路人有着强烈的暗示性和诱导性。人会被环境影响,甲禁不住诱惑,但乙却不为所动。这说明乙能有意识地控制自己,有原则地对待事物,能够主动掌握自己的心理和行为。）

3. 归纳小结,引申导行

能够自我约束和自我控制,我们称为"自律",破除"破窗效应"需要有自律精神。在班集体生活和社会活动中,我们经常会受到环境的影响,此时,自觉、自律就非常重要,时时留心自己的一言一行,因为它反映着我们的班风校貌,反映着我们的品德素养。

【问题情境2】

漠视制度　不愿执行

每周一升旗仪式,学校规定必须穿校服,可是总有一些学生会因为各种原因没有穿校服。或者借口校服洗掉了,没有干;或者责怪家长没有提醒自己;或者想穿新买的漂亮衣服……面对这样的情况,老师屡屡教育,见效总不明显。

【一般思路】

校服已成为小学生穿着时间最长的服装,有人称其为学生的"第二皮肤"。与此同时,社会在发展,人们的生活水平不断提高,服饰美、形象美早已成为人们生活需求的重要方面。现在的小学生已经不是两耳不闻窗外事了,他们也有自己敏锐的嗅觉和对美的感知,他们也有自己的审美观。

一般情况下,学校的教育方法和策略有以下两点。

1. 宣传教育,树立意识

通过主题教育课、班会课,让孩子了解穿校服的好处,感受到"美丽童年从校服开始"。统一着装,象征了一种荣誉,学生会因此加深团队意识和集体荣誉感,也会更喜欢小学生活。同时,教师告诉学生升旗仪式的重要性,强化养成教育和文明礼仪教育,注重爱国主义教育、革命传统教育和理想教育,发挥升旗仪式应有的教育作用。

2. 家校配合,形成合力

家长作为孩子的监护人,他们对校服有着知情权、表达权和监督权。教师应通过家长会、家访等多种方式,及时沟通,让家长了解学校的做法,统一思想,形成教育合力。

【聚焦结合点】

1. 什么是儿童的审美意识

儿童的审美意识是指在审美活动中,儿童对审美对象的能动反映,包括审美的感知、感受、趣味、理想、标准等各个方面。

2. 青春期孩子的审美特点

爱美不是心理学效应,而是正常人都会有的心理现象。青春期的孩子(小学高年级阶段),豆蔻年华的少女,英姿风发的少年,已开始注意外表、注重着装,强烈希望通过自己的行动,如自己决定穿什么衣服、弄什么发型等来突出自己的个性。

【另辟蹊径】

在穿着打扮方面孩子爱美的心理是可以理解的,但既不能放任自流,也不要对孩子的爱美行为横加阻止,正确的做法是积极引导。

1. 从审美角度来看校服的优点

统一穿校服有利于对学生进行教育和管理,有利于提升学生的自信心、朝气和树立良好的精神状态,有利于班级和学校教育教学活动的组织,培养学生的团队精神。且统一着装是一种身份特征的标识,学生统一穿定做校服,利于规则意识、规范意识等集体道德意识的培养。

2. 懂得内在美胜过外在美

外在美不会是永恒的,只有内在美才是永远属于自己的东西。不管是岁月还是别人都带不走的是一个人的内在美。学生不应过多地把时间花在自己的形象打扮上,要把主要精力放在学习上,发展多种兴趣爱好。

3. 让学生向周围的亲人调查"学生穿校服美不美？"

开展"学生穿校服美不美？"的调查活动，让学生更多地了解他人的看法，对审美价值观会有一个更加综合、客观的认识。

4. 开展"服装秀"的班级活动，满足孩子追求个性美的心理需求

在校服问题上，尊重学生的选择权，尊重和引导他们的审美情趣，采取多种有效措施让校服变得更美。可以搭建平台，让学生参与校服的设计。如"校服设计评比大赛""画出心中的最美校服"等，设计校服时充分考虑学生天真活泼、青春浪漫、朝气蓬勃等众多特点，兼顾心理和生理特征，设计出让学生满意并能够接受的校服。可以说，让校服"美起来"并非难事。

【问题情境3】

自我中心　无视他人

在今天的品社课上，老师设计了一个"邀请伙伴来做客"的游戏环节。当军军模拟打电话邀请小亮来自己家做客时，小亮却回答道："啊？杨树浦路啊？那么远啊？而且杨树浦路上土方车很多的，都是灰，我不去了。"这一席话让"打电话"的军军尴尬不已，一时不知如何回答是好。

【一般思路】

学校班级就是一个小社会，同学之间如何相处也是一门艺术。

我们通常都说："同学之间要热情友好、和谐相处、彼此尊重。"一些学校的校风或校训，如"协作""和谐"等说的就是同学之间需要互相体谅，团结一心。

通常情况下，学校对此类问题的解决方法主要是班主任的说服教育，联系家庭开展教育合作。对一些确实有交往障碍的孩子，还会尽量培养他们广泛的兴趣爱好，用兴趣的力量，促使孩子跟他人交流，结成朋友。

【聚焦结合点】

"移情"是指站在另外一个人的角度去思考去感受,感受别人所感受的,体验别人所体验的,思考别人所思考的。作为一种心理品质,它对一个人形成良好的人际关系乃至走向成功都有重要作用。

如今学生的心理和行为问题呈上升趋势,因此,老师在对学生的心理咨询中,应注意移情能力的培养。移情能使伙伴沟通更愉悦。

【另辟蹊径】

在处理这个问题时,我们可以做以下几点:

(1) 让军军谈谈自己听到小亮的回话时,心里有什么感受?

(2) 请"小东道主"们谈谈,当你打电话邀请朋友来家做客时,你心里是怎么想的?希望听到对方怎么答复?

(3) 如果小亮就这样回绝了军军的邀请,那么当小亮自己当东道主,向军军发出邀请时,军军会怎么做?

通过上述交流、讨论,引导学生积极评价别人的情感。首先,让他们明白每个人都有表达自己喜怒哀乐的权利,对同一事物每个人都会有自己的看法和感受,不可能你高兴别人也高兴,你痛苦别人也痛苦。其次,告诉学生要培养控制自己情绪的能力,不能不顾别人的感受任意表现自己的情绪(如本问题情境中小亮的表现)。最后要引导学生学会体验别人的情感,正如孔子的"己所不欲,勿施于人"这句名言,多感受别人所感受的,多思考别人所思考的。

【问题情境4】

伙伴相处　缺乏信任

中午吃饭时,小明发现钱包里的零花钱少了,他怀疑是同桌东东拿的。因为东东平时行为表现不好,时常受到老师批评,二年级时还有拿别人东西的"前科"。于是小明趁东东不在的时候,搜查了东东的书包,结果发现书包里没有钱。

【一般思路】

1. 小明的错误做法剖析

上述问题情境中,我们可以发现,小明仅仅只是"怀疑",并没有确凿的证据,无法证明钱是小明丢了或者钱是东东拿的。并且搜查的理由也不能成为免责的事由。所以,小明因怀疑同学偷东西而翻书包是不对的。

2. 通常情况下的解决方法与策略

一般来讲,遇到这样的事,班主任会告诉学生要提高自身的纪律和法制观念,用纪律和法律标准约束自己,要学法、懂法,继而守法。先从《小学生日常行为规范》入手,养成良好的守纪习惯,能对照、会执行,用校纪校规约束自己的行为,做到严格遵守。因为遵守纪律是遵守法律的最基础环节。其次,班主任还可以通过班会、队会课的形式,让学生了解相关的法律法规,如《未成年人保护法》《预防未成年人犯罪法》《治安管理处罚法》等。要清楚地知道自己所拥有的权利,什么可以做,什么不可以做,知道法律、法规有其约束力和强制力,要学会控制自己的行为,增强法制常识。自觉抵制不良现象,用灵巧的双手共建社会的文明。

【聚焦结合点】

当一个人被一种词语名称贴上标签时,他就会做出自我印象管理,使自己的行为与所贴的标签内容相一致。这种现象是贴上标签后引起的,故称为"标签效应"。情境中,小明对有"前科"的东东的怀疑就是典型的"标签效应"。

某人曾经犯过什么错,就似乎贴上了一个甩不掉的标签,以后凡是这类错误都首先遭到怀疑,这是很伤害自尊的,也不利于这个人改正错误,反而会逼其破罐破摔。

【另辟蹊径】

结合问题情境,列举几个克服"标签效应"的方法。

(1) 请同学们回顾自己从小到大的成长经历,有没有从不犯错误的人?(感受认识到成长伴随着犯错。)

(2) 既然都犯过错误,那么说说自己曾经犯过哪些错误,现在还在继续犯的错误有哪些?(说明很多错误随着成长成熟会逐渐克服。)

(3) 如果用你所犯过的某个错误做个标签贴在你的额头上,你会怎么想,怎么做?(以己推人,体会"标签效应"的危害。)

【问题情境5】

微信空间　任意吐槽

班级学生组建了微信群,家长无意间发现聊天内容中负能量信息占很大比例:不文明的网络用语、低级的笑话、对家长的不满、对学业的抱怨……孩子们热衷于微信聊天,时常影响学习。孩子们的微信群没有成年人的引导,现状的确令人担忧。

【一般思路】

在互联网高速发展的今天,微信已经成为一种新的交流工具。它可以快速发送文字和照片、支持多人语音对讲,用户可通过手机、平板、网页快速发送语音、视频、图片和文字,还有公众号、朋友圈、消息推送等功能。由于使用起来便利,许多学校如今都有自己的微信公众号,班级也有了自己的微信群,这种新的信息交流方式已经成为许多人获取信息的最重要渠道。

微信拉近了人与人之间的距离,但另一方面,层出不穷的负面信息、垃圾信息也不可避免。由于该款软件并未限制使用年龄段,且如今小学生随着自身年龄的增长,各方面能力的增强,热衷互联网的比例呈逐年上升趋势。

学生过早使用社交软件的优点在于可及时适应社会节奏,更早接触到社会科技发展的步伐,但也会沉迷互联网形成恶性循环,严重者会产生对互联网的依赖以致丧失生活中的沟通能力。另外,琳琅满目的社交软件由于目前未施行强制实名制制度,未成年人易接触到不健康的信息。

【聚焦结合点】

我们不可能每天都开心,因此在生活中,我们就要学会如何去处理自己的负面情绪。这也是自我心理调节的一种方法。但是,很多孩子由于年龄特点的关系,很容易被自己的情绪左右,从而影响自己的学习生活。问题情境中,那些"不文明的网络用语、低级的笑话、对家长的不满、对学业的抱怨……"可以看成是孩子的一种心理宣泄。

心理宣泄是指宣泄、排解或释放紧张情绪的过程。此种紧张与抑制冲突、记忆或观念有关,常伴有对痛苦经历的回忆。宣泄是自我保护和护养的有效措施。

【另辟蹊径】

那么我们应该怎么引导孩子正确地去抒发自己的情绪呢?

一是意识控制。当愤愤不已的情绪即将爆发时,要用意识控制自己,提醒自己应当保持理性,还可进行自我暗示:"别发火,发火会伤身体。"有涵养的人一般能做到控制。

二是环境制约。环境对情绪有重要的调节和制约作用。老师可以抓住网络对学生具有强烈的吸引力这一特点,努力引导,强调对不健康、不文明的消息做到不阅读、不传播,发现不文明的现象要坚决制止,让小小微信群,满满正能量。

三是不要在公共场合宣泄,以免影响到他人。网络就是公共空间,宣泄负面情绪特别容易相互影响,宣泄过度反而不利于心理健康。

此外,教师在教育过程中可以有意识地让学生通过对比强化体验。如:要求学生去垃圾桶旁边站10分钟,再到鲜花盛开的花园站

10分钟,写一下自己的感受。体会充斥着牢骚、谩骂的网络空间就像"垃圾桶",充满相互鼓励和有效信息的网络空间就像"鲜花港",引导学生像讨厌垃圾桶那样讨厌充满负能量的网络空间,引导学生为了健康成长把网络建成"鲜花港",而防止它变成"垃圾桶"。

三　好思乐学善自理

杨浦区控江二村小学　石　磊

【问题情境1】

忘带作业　埋怨父母

早晨,课代表开始收作业了,小新发现作业袋不在书包里,今天要交的作业本和通知回执都没带。老师批评他不该丢三落四,他却理直气壮地说:"昨天晚上是妈妈最后签字的,她忘记把作业袋放进书包里了,都怪她!"

【一般思路】

像小新这种现象还是比较普遍的,尤其是低年级的学生。从上述情况可以看出小新同学的学习自理能力存在一定问题,缺乏自我组织、自我管理能力,每天做完作业后整理书包和学习用品的工作几乎全部是妈妈替他来完成的。而且,小新受到老师的批评后,不但没有反思自己的错误,而是"不以为然""理直气壮"地把责任归到妈妈的身上。可见,小新同学的依赖思想非常严重,没有责任意识,可想而知,平时在家对待长辈的态度应该也不会好。

这种现象虽然发生在孩子的身上,可是根源很有可能在家长的身上。一般我们会分两条线来帮助小新。

一是要让小新从思想上重视,教育小新养成每晚整理书包的好习惯,并要求他尽量做到自己的事情自己做。从教会小新学习整理自己的学习用品入手,抓细节,积点滴,培养他的自理能力。在学校里,教师可以结合《品德与社会》学科教学、利用班队活动课等组织学生学会自己整理书包。如果是低年级学生,可以先教会他认识课程表,然后告诉他一些方法,怎样清理书包才有条理,使课本不零乱,最后看谁整理得最整齐、最美观。

二是做好家校沟通,最大限度地取得家长的支持。让家长每天在家配合老师做好孩子的自理能力培养工作,鼓励家长多给孩子一些动手操作的机会,孩子能做的事尽量让孩子自己做,不会的要慢慢学着做,并且让孩子帮忙干一些力所能及的家务事,让孩子在实践中培养自理能力。同时,指导家长教会孩子如何整理的方法,这是一个由"扶"到"放"的过程:一开始可以每天晚上和孩子一起整理书包;一段时间后,可以让孩子自己理好书包,然后家长检查一下;等孩子养成习惯后,父母只需每天与孩子交流,和孩子一起回顾一天下来的学习生活,总结一下明天要做什么,准备要带什么? 稍加提醒:"作业带齐了吗? 还有哪些东西没有放好?"就可以了。在必要的时候,家长可以适时地给予孩子一定的表扬和奖励,以提高其积极性。有时让孩子切实地体验一下忘记带东西,或丢三落四后造成的困扰和尴尬场面,孩子便会意识到:忘记带东西,吃亏的是自己。

【另辟蹊径】

可以采用情境体验法。

1. 给小新布置一份特殊的作业

天气炎热,妈妈是做推销工作的,经常要在室外奔波,每天早晨妈妈上班前,让小新在她的包里放一个小水杯,方便妈妈喝水,并且要坚持一个月。告诉小新,这个小水杯十分重要,妈妈经常要用到它,忘记带了,妈妈有时一忙起来,顾不上买水喝,口很干……同时,与小新妈妈沟通好,每天要"理所当然"地接受小新的"帮助",并且不要主动提醒小新。

小新肯定会有忘记的时候,这时抓住机会,也对小新进行一番"责怪":"都怪你忘记了,妈妈今天没带小水杯,口渴极了,可难受了……"小新肯定会感到有点委屈,这时,让小新来谈谈他的感受:是不是感觉这本来并不是你的事情,你只是帮妈妈的忙,妈妈却从没说过"谢谢",心里是不是有点不舒服?已经坚持了不少时间,偶尔一次忘记放小水杯是不是一时的疏忽?受到妈妈的责备是不是感觉"吃力不讨好",特别委屈?……经过体验、谈感受,小新一定会感受到妈妈平日里辅导自己学习、照顾自己生活的辛苦,对妈妈产生感恩之情,从而意识到自己的作业没带应该是自己的责任,反而责怪妈妈是不应该的。

2. 在班级的小岗位设立时,让小新担任"小小整理员",负责管理班级的卫生用具

一个看似简单的任务,要做好可不容易,每天都要整理好劳动工具,还得提醒、检查大家卫生工具用完要摆放整齐。时间一长,小新肯定会碰到一些"状况":小朋友不好好放,都得靠他自己去整理,有时老师看到乱糟糟的,还责怪他没有把工作做好;小朋友用完抹布不搓干净、不摆放好,影响第二天的劳动;久而久之,同学甚至老师都会认为是小新没有做好岗位工作,小新一定倍感冤枉……

当然,整理卫生工具的工作十分重要,每天中午、放学、劳动结束都要整理。如果有一天小新生病没来,劳动用具乱了,无形中便体现了小新的"重要性"。这时,老师借机肯定小新平时小岗位工作的"功劳",有助于提高小新的积极性。

这样的小岗位建设,除了可以帮助小新学会整理东西的方法,养成自觉整理的习惯外,还让他体验到别的孩子没有理好东西,给他带来的烦恼和困扰,慢慢地培养小新的责任心,让他意识到很多事情是"自己"的,应该自己"负责",由自己去完成。

在学校、家庭的影响下,通过各类活动中的"换位体验",让孩子逐渐认同责任心的重要性,树立"自己的事情自己做,集体的事情抢着做,家里的事情尽量帮着做"的意识,积极培养自我管理的能力,逐步转变为责任心强、自理能力强、认真对待学习的人,为将来成为全面发展的优秀人才打下良好的基础。

【问题情境2】

学习用品　乱摆乱放

小唐是个聪明的孩子,学习成绩不错。可是,他的课桌、生活柜总是乱糟糟,学习用品经常找不到。早晨传作业本,经常搞得学习用品满地都是。今天语文课堂测验,他又找不到橡皮了,里里外外到处找,急得满头大汗,想问周围同学借,可是大家都忙着做题,不搭理他,小唐只得哭着向老师求助。

【一般思路】

1. 先解决情绪问题和实际困难

小唐在我们班主任老师的眼里就是一个思想不成熟、情感很脆弱的"小人儿",他因为在测验中找不到橡皮,又没有同学肯借给他而哭了,心里感到又焦急又难过。考虑到小唐当时担心影响测验成绩的那种难过和焦急的心情,应当先解决他当时的情绪问题和实际困难,安抚小唐的情绪,帮助他借到橡皮,顺利完成测验。

2. 再解决思想意识和能力提升

测验完毕,可以找小唐单独谈心,告诉他管理好自己的学习用品也是小学生的重要任务,此次测验的经历就是没有重视自我管理的后果。然后具体地教会孩子如何做的方法,比如:要带去学校的东西,在前一天晚上睡觉前就要全部准备好,置于桌上或明显的地方;每一样物品,都要有专门放置的地方;用过的物品,一定要物归原处;课桌、生活柜中物品要有序地摆放……若教导了之后孩子仍然健忘时,就得经常善意地提醒他:"你都准备好了吗?用完有没有记得放回去呀?"

同时,教师可以在班队活动中进行"自理能力大比拼"的系列活动,抓住一切契机,让学生通过成功的体验增加信心,并付诸日常生活之中。平时在学习生活中,教师应更多地走近学生,发现学生的细微变化和微小的细节问题,及时给予帮助和指导,让他们的自理自立能力得以提高。

3. 更新家长观念,密切配合老师

培养学生自理能力,家长也要更新自己的教育观点,密切配合老师,让学校教育在家中得到延伸。家长们一定要放开手脚,不要任何事都替孩子做,应让他们做力所能及的事,学会管理好自己。学生的好奇心很强,看见大人在做事,会要求试做,如洗碗、擦桌等。这时候,一定要给他们机会,并鼓励孩子要好好做。在让孩子实践之前,家长可以先给孩子做个示范,教会他们怎么做,以后就可以放手让孩子自己去做了,家长只要从旁帮助和指点就可以了。有的家长生怕孩子做不好弄伤了手脚,干脆自己动手做,或是在孩子做错了事情以后就训斥一顿,致使孩子丧失了信心与兴趣,这样做只能使孩子的自理能力越来越差,依赖性越来越重。家长应该适时给予表扬,给孩子信心,让他们在反复实践中掌握方法。其实,生活的过程也是学习的过程,不要因为觉得孩子小,就拒绝教他们生活的技能。

【聚焦结合点】

在上述案例中,小唐的自我管理能力是比较差的,要小唐一下子改变很困难,但可以先矫正他的想法。再看小唐遇到突发问题时,不懂得如何应对,情绪也很有问题。根据情绪治疗的 ABC 理论,通常人们会认为,人的情绪的行为反应是直接由诱发性事件 A 引起的,是 A 引起了 C(即小唐平时东西乱糟糟引起他测验时找不到橡皮而哭了)。ABC 理论则指出,诱发性事件 A 只是引起情绪及行为反应的间接原因,而人们对诱发性事件所持的信念、看法、解释 B,才是引起人的情绪及行为反应的更直接的原因,而小唐的问题 B 就在于平时自理能力较差以及欠缺对于紧急问题的处理能力。

通过行为矫治、行为塑造的正强化功能,家校结合来帮助小唐提高能力。通过强化手段,矫正人的行为,使之逐渐接近某种适应性行为模式的强化治疗手段。采用有规律的、循序渐进的方式引导出所需要的行为并使之固化的过程,就叫作行为塑造。行为塑造是实现管理目标的重要手段。强化程序有两种主要类型:连续强化和间断强化。连续强化程序指的是,每一次理想行为出现时,都给予强化;间断强化又分为比率强化和间距强化。

【另辟蹊径】

方法一:激励法和实践体验法。让小唐在班级的活动中担任一定的"职务",并且暗中选出"伙伴扶助",帮助小唐完成任务,让小唐获得成功的体验。比如,可以结合学校春游开展"绿色环保合理消费"活动,活动环节中要求班级同学以小组的形式制订一份出游消费计划。

事先,我让全班学生自行分组。一向沉默寡言的小唐趴在桌上,完全没有兴趣,也没有同学主动要和他一组。他很沮丧,我就让他自己做组长,去试着游说一些平时和他关系较亲近的同学组成一个小组。并郑重地把这张"消费计划表"交到了他的手里,同时,我还找了能力较强的小刘为副组长,协助小唐的工作(其实是起帮助和协调作用)。

(1) 首先,我没有直接告诉他小刘是帮助他的,而是鼓励他尽量主动联系组员,一起商议,完成理财计划。因为我觉得小唐思路清楚,兴趣最难能可贵。

(2) 与小唐妈妈联系,配合我帮助小唐在学习之余,用微信组织和联系组员。

(3) 春游当天,我特意关心了小唐他们小组的情况,并和他们一起吃午饭,告诉他:"你们组的计划做得不错,加油!"

(4) 在稍后的活动小结过程中,我不时地用手机捕捉他的视频、照片,并在班级微信群里面展示表扬,同学家长们都来点"赞",小唐咧开嘴笑了。

(5) 与小唐个别谈话,请他来写活动的收获感言,他的字里行间表现出了很多的自豪和快乐。成功的喜悦令小唐获得一种满足感。

方法二:"行为训练",并用"阶段目标引导法"。每周设定一个阶段性目标,完成后给予一定的鼓励和表扬。比如:第一周做到书桌课课清(即每次下课先整理课桌再出去玩),第二周做到生活柜天天齐(即每天放学都把生活柜整理好再走)……也可以在家中设置一些阶段性目标。比如:每天晚饭后倒垃圾一次、每天睡前整理好书包……坚持一周。通过家庭和学校两方面不断循序渐进的正强化,让小唐养成良好的自理习惯。

小学生自理能力的培养不是一两次教育就能奏效的,这是一个漫长的过程。孩子还小,只要他自己能做,就要给他创造锻炼的机会,给孩子一个展示自己、发掘自己的机会,让他们的自理能力得到充分的发展。只有这样,才能达到"生活育德,生活育人"的教育目的。

【问题情境3】

无人监管　作业拖拉

小飞放学回到家,扔下书包不是玩 iPad 游戏,就是玩拼装玩具。玩累了,拿本漫画书看看,做作业的事情早抛到了脑后。直到晚上,爸爸妈妈回来了,他才漫不经心地打开作业本……天天作业完成得很晚,更不要说预复习功课了。

【一般思路】

1. 提升学习的欲望与劲头

小飞放学回到家里,什么也不干,马上玩 iPad 和拼装玩具。说明这些玩具对他更有诱惑力,他忘记了应该先完成作业再玩的道理。孩子对不感兴趣的事情会分心、走神,无法专注于事情本身;对感兴趣的事,比如看电视、玩游戏就异常积极;这些都是注意力不集中、自我管理习惯未养成的表现。

老师要在思想上提升孩子学习的欲望与劲头,营造一个积极向上的班风和学风来激励学生学习的欲望和劲头。尤其是对低年级的学生,需要建立一种比较完善的竞争、奖惩机制来提升他们对学习的兴趣和渴望。

2. 培养学习的能力和习惯

孩子回到家后，没有自觉学习的意识和自我管理能力，做事没有条理，不清楚应该先写什么，后做什么，先易后难等不能很好地应用，所以会被更有兴趣的事物吸引，找个借口不写作业，或者边写边玩……时间花费很多，作业没做多少，有的孩子还因为作业做不完哭鼻子、影响睡眠，导致第二天在学校没精打采。长此以往，形成了恶性循环。

培养良好的学习习惯是在拥有相应的学习能力的基础上，经过60天以上的重复得到一种行为上的记忆，如果学习能力有缺陷，即使这种习惯是正确的，效果也大打折扣。注重培养孩子对时间的管理能力，让孩子学会掌控时间，引导孩子在写作业时运用学习的策略，有计划地完成作业，避免孩子陷入钻牛角尖的困境。

同时在做的过程中注意鼓励、赞扬，从而树立孩子的自信心和成就感。有些孩子写作业拖拉到很晚，以致睡眠时间减少，导致第二天上课没有精神，学习效率降低了。这时，可以给孩子确定一个作业完成的最后时间。要充分保证孩子的睡眠时间，如到了规定的睡觉时间，孩子的作业还没有完成，就不再写了，要求孩子必须睡觉。作业没有完成，会受到老师的批评。以后，孩子就会抓紧时间完成了。

3. 指导家长督促和配合

除了老师和孩子的努力，家长的配合也是一项决定性因素。我们越来越发现，孩子的学习有了家长的重视，会起到事半功倍的效果。对于这些作业拖拉的孩子，我们应该特别注意保证家校联系的紧密性，定期要与家长谈谈孩子的作业表现。也可以向家长介绍一些好的培养方法，从生活习惯抓起，比如：在日常生活中，每做一件事，家长应要求孩子在一定的时间内完成，如果孩子提前完成就给予鼓励，如不能完成就让孩子再做一遍，使孩子通过训练缩短生活自理行为的时间，知道做事要专心、要有时间性。这样做多了，孩子就会出现条件反射，从而树立起时间观念，养成专心做事的习惯。让孩子在生活中做事快，在学习中才会快起来。

【聚焦结合点】

面对小飞这样的孩子,回家不先做作业的原因是很多的。有时孩子拖拉作业并不是故意的,而是因为他对知识还没掌握,不知道该怎么做。可能当天在学校的学习中有些知识并没有彻底弄懂,当天的知识没有学好,怕碰到困难,作业有些难度,做不下去,就找借口在那儿耽搁着。做其他事情也是这样,小学生的思维能力和身体协调能力尚处在发育之中,不知道如何安排做事的先后顺序,如何以较少的时间来做更多的事情,做事自然就拖拉起来。小飞同学作业拖拉的原因可能是畏难情绪,也可能是曾经的失败体验使他更乐意沉浸在游戏的虚拟世界。我们要做的就是尽量让小飞获得更多成功的体验,激发出他的学习兴趣。

【另辟蹊径】

方法一:放低要求,"跳一跳摘到果子",分层作业,分年段作业。

帮助学生改掉作业拖拉的不良习惯是一项精细工作。教师在布置作业的时候要与学生同心,科学指导、注意精心设计,努力创新、分层次布置作业,针对不同学习水平的孩子,设计"有效作业"。作业的形式丰富多彩,可以根据小飞的情况,设计一些比较简单的"摘抄、仿写、找资料"等作业,让小飞通过自己的努力达到阶段性的目标,获得成功的体验,从而使他慢慢自觉地喜爱学习,有兴趣做作业。

针对不同年龄段的学生,我们提出的要求也不一样。对于一、二年级的学生,家长有条件的建议要"陪"。并且提前做好"思想工作",理解孩子,告诉他写作业是有些累,但是是小学生应该要完成的任务,累也要坚持,虽然作业不多,但是每天要反复提醒和强调回家应该先自觉做完作业。然后可以让他看看自己喜欢的课外书或者玩玩具。并且多表扬鼓励孩子好的表现,帮助树立信心,在孩子心中形成正确的观念。

中高年级的学生,逐渐可以脱离大人的催促,自觉完成作业了。

我们可以培养孩子的自主意识和自我安排的能力。回到家,可以先把所有的作业进行分类,容易的先完成,有困难的可以放到后面反复思考或者查阅资料后再完成。如果可以做到,之后再慢慢地把作业均匀分布。这样不至于到了最后一起赶,效率也不高。提高效率可以在不知不觉中减少做作业的时间。

方法二:助学伙伴,合作学习,微信或者电话相互提醒激励。

可以利用现代先进网络工具,比如建立微信学习小组等,把与小飞学习水平差不多的同学编排在一个群里。在群里面可以相互讨论所学知识的不懂之处,相互解答、相互学习,让学习氛围变得更加轻松。鼓励孩子即时发布自己的作业完成情况,发起"作业完成后来签到"等活动,鼓励大家更快、更好地完成作业。老师也可以根据相关信息恰当指导、督促、奖励,对纠正学生拖拉作业的坏习惯也是大有好处的。

孩子的拖拉问题并不是一朝一夕就能解决的,有时用了一些方法可能并不能很快达到效果,需要耐心持久地付出,才会慢慢有所改善。

【问题情境4】

小小铅笔 无人问津

"老师,这是我刚才在地上捡到的。"亮亮一边说着,一边把一支铅笔递给王老师。"哪里捡到的,就问问那里的同学呀!""问过了,他们都说不是自己的!"亮亮一脸无奈,把铅笔放到了讲台上。"大家快看看,这是谁的铅笔啊?"王老师举起铅笔,再次大声询问。可就是无人认领,讲台上又多了一支没有主人的"孤儿笔"。

【一般思路】

1. 联系课程,加强意识

当了十几年的班主任,班中确实经常会出现上述的情景。用过的一支铅笔、一块橡皮、一把尺……是同学捡到的,放在讲台上无人认领，而且数量不断增加，反复询问还是无人问津，时间长了只能丢弃。孩子们的年龄较小，使用与保护学习用品的能力低，难免使用不当，管理不当，造成学习用品的损坏与丢失等。一天的学习生活中，需要孩子关注的事情太多了，相比之下，孩子会忽略学习用品的管理。

　　面对这种情况，首先要对孩子进行有关爱惜学习用品的教育。可以通过相关的课程，比如《品德与社会》就有相关的"一支铅笔的制造过程"介绍，让学生了解小小的一支铅笔，得来非常不易，要通过许多繁复的工序，凝结了许多工人叔叔和阿姨的劳动。从而让学生体会到学习用品来之不易，应该加倍爱惜。

　　2. 利用活动，体验感受

　　平时，可以利用班队会活动加强这方面的教育。并且在班级里开展相关的竞赛活动，适时奖励孩子勤俭节约、爱惜学习用品的行为。比如在班级里开展这样一项活动：定期举行一个"小小学习用品展览会"，比一比谁的本子最整洁，谁的学习用品保管得最好等，表现突出的同学，就授予"小小保护神"的称号，并颁发奖状奖品，享受师生们的热烈鼓掌。小学生的年龄较小，对那些名目繁多的荣誉称号，他们常常看作是至高无上的荣誉。就像那些被授予"小小保护神"称号的孩子，正是因为头上笼罩着这一荣誉光环，他们会更加起劲地管理学习用品、爱惜学习用品。通过一系列类似这样的活动，可以敦促孩子不再轻易浪费学习用品。

　　3. 家校沟通，密切配合

　　在日常生活中，家长们也完全可以从小学生的年龄特点出发，选择恰当的时机鼓励他们的节约行为。首先，家长可以和孩子们一起准备学习用品，并且在每样学习用品上贴上姓名标签，并且传授一些简便的使用和保管方法。其次，在准备学习用品时，不要一下子买很多，尽量做到"买少不买多"，即使买了也不要告诉孩子，有许多家长在给孩子买文具时，本着"有备无患"的原则，为了避免麻烦，一次性选购很多囤在家里，要用时就让孩子随便拿。家长一次性给孩子买太多文具，会让孩子认为：只要我说文具用完了，爸妈就会给我买好多新的。对于太容易得来的东西,孩子当然不知道珍惜。而且有些孩子还会这样想:家里还有很多,我浪费一些并无大碍。有了这种想法,孩子不但不能改掉丢三落四、忘东忘西的习惯,反而更加不珍惜物品,包括现有的学习用品。其实,孩子遗失了什么学习用品,父母马上就买新的给孩子,还不如和孩子一起想想看、找找看,借以提醒他注意保管好自己的东西,不要随便丢弃。即使要买新的,每次的数量也都有所限定,够用就行,让孩子养成爱惜学习用品的好习惯。

【聚焦结合点】

通过观察,我发现其主要原因之一是孩子们由于年龄较小,缺少"爱惜物品"的思想情感,不知道学习用品来之不易,没有感恩之心,无法体会劳动者所付出的辛苦。他们只知道一支铅笔是爸爸妈妈从文具店买来的,可能只要花费几块钱,这难免使他们产生"来之容易"的思想。殊不知一支铅笔的制造过程,是有很多的工人叔叔或阿姨付出了劳动和汗水。

另一个原因是现在的学生大多数生活在优越的环境中,过着"饭来张口、衣来伸手"的日子。平时,家长为了使他们更好地学习,精心准备好各种各样的学习用品,一旦损坏、丢失,父母就马上买新的为他们补充。在学习生活开始时,家长为他们准备了各种各样的学习用品,他们会把拥有这些学习用品看作是一名小学生的标志,使他们感到既新鲜又自豪。刚开始,他们会很喜欢这些学习用品,但时间一长,由于新鲜感过去了,也就滋长了他们不爱惜、常损坏、常乱扔学习用品的坏习惯。他们无法换位思考,体会到小小的一支铅笔,如果换一个环境,对于有些人来说其实非常重要,十分珍贵。

【另辟蹊径】

1. 讨论会:为什么铅笔没人认领?

请同学们思考,为什么讲台上的铅笔没有人认领,说出自己的想法,找到无人认领的原因。

预设归纳:无所谓,家里有很多。

认不出来了,不能冒领。

确实不是自己的,妈妈说过不是自己的东西不能要。

……

2. "双城计":体会小小一支笔对山区孩子的重要性

让学生找找资料,看看纪录片,了解贫困地区孩子艰苦的学习条件,没有教室、课桌椅、书本……他们对一支用过的铅笔头的珍惜程度。和自己的条件对比一下,体会学习用品的"珍贵"。

3. "爱互助":开展爱心帮助活动

在班级中成立"爱心小组",记录自己平时每个月的学习用品"消耗量",再举行节约学习用品比赛,记录现在每个月实际的"消耗量",算出节约了多少学习用品,并把这些节约的学习用品集中起来,寄给贫困地区的孩子们,献上一份爱心。让学生认识到爱惜学习用品,可以帮助更多的人,获得更多的快乐。

【问题情境5】

不懂不问 消极沉默

测验卷上有道概念是非题东东答错了,他订正好了,但仍不知道错在哪里,妈妈让他主动去请教老师。可是一连几天,东东都没有去问。妈妈着急了,批评了他,不料东东说:"我都订正对了,不用问了。"

【一般思路】

1. 更新教学观念,改变学习方法

乍看到东东这样的学生,有些生气,明明经常教导学生要"不懂就问",而且每次学生来问,老师都会耐心解答,可他们就是懒得来问。作为学生,不懂是正常的! 但有不懂的也不愿意问、不敢问,恐怕也是正常的。

作为老师首先要更新教学观念,改变课堂上只听不问的僵硬的学习方法,在课堂上多和学生互动,用一举一动、亲切的眼神、和蔼的态度和热情的称赞打消孩子的顾虑,为学生营造出成功与自信的学习氛围,用微笑面对所有的孩子。平时要多和学生沟通,做朋友,或者私下里多和学生交流谈心,让学生觉得问老师问题就像是两个朋友之间的对话。身为老师,对于"常态"的不懂也不问的学生,真的需要很多的耐心。细化到每天的行为,其实就是要帮助和鼓励学生们解决不懂的问题,努力启发学生们"问"自己、"问"同学、"问"老师。

2. 培养学习兴趣,激发学习动力

想要激发孩子的学习兴趣和动力,就要结合对"好奇心"的培养。好奇心代表喜爱接触新事物,当一个人对新事物接触得越多,他就会越想知道更多,这正是学习动力的来源。在平时的生活中,建议父母多多带孩子去接触新鲜的事物,并且多多鼓励孩子去探索、问问题。很多时候,父母长辈都会有意无意地压抑孩子的好奇心。例如:家长带孩子上街时,有时,孩子观察事物并且发问时,父母会认为这问题和学习无关,加以阻挠或者搪塞。孩子之所以问完父母第一条问题后,便不再问第二条,就是因为他们知道父母不喜欢他们追问下去,但其实发问正是学习动力之源。因此,身为父母不仅不应该压抑子女的好奇心、禁止子女发问,反而要鼓励他们,因为长大后,他们就不一定想知道那么多了。培养孩子不懂就问的好习惯。孩子有不懂的地方,教师和家长不要埋怨孩子为什么不懂,更不能加以斥责,要鼓励孩子提出什么地方不懂,找出不懂的原因,然后积极启发他们,帮助他们动脑筋,切忌烦躁、死记硬背或放下不管。当然,如果父母本身就是一个有高度好奇心、很爱发问的人,那对孩子的影响就更大了。反之,如果父母本身是一个不会问人、不爱寻求答案的人,孩子提问的经验一定不会丰富,向人发问也不会超过两个问题。所以"以身作则"真的很重要。

【聚焦结合点】

确实,想想自己十多年的教学,班上能常问问题的学生又有几人呢?如果说有的话,每个班也就只有那么两三位偶尔会问而已。而常常有的,却是那些"不懂装懂"和"索性沉默"的学生。你为他着急,他却不以为然,得过且过。有时,你要想找那些可能没听懂的同学来"谈谈",他们却"闪得"比你还快……现在有的学生习惯了"不懂",老师来请也不问,也不知道怎么问,问什么,"不愿问"成了常态。

造成这样的原因,最大的可能有几点:一是因为老师太严厉了,学生可能曾经在问问题中受到过打压,有过受挫的经历,有些惧怕老师,不敢问。二是学生对学习的兴趣不高,本身学习动力不足、态度不够端正,没有动力去问、懒得问。三是把问问题看成是没面子的事,羞涩不好意思问,怕被同学和老师耻笑。还有就是不懂得提问的方式和技巧,或者能力不够,没能力问。这样就无法做到有问题及时问,而订正对了又会造成老师认为你已经全都弄懂的误区。事实上,学生的问题并没有及时得到解决,日积月累,小问题就变成了大问题,成绩也就越来越难优秀。大多数成绩欠佳的学生,多是从一点点不懂开始的。

【另辟蹊径】

1. 小调研:为何"疑在心中口难开"?

通过倾诉的方式,让学生说出不愿问的理由,针对东东和同学们的回答,来开解引导他们了解"问问题其实是件好事情,问问题其实也没那么可怕"。从思想上打破"不愿问"的突破口。

2. "错题医院":"疑在问中豁然解"

建立班级"错题医院",让东东担任"院长"。即同学不懂的问题都可以请他帮忙讲解,而他也不懂或无法回答的问题就去问老师,由老师讲给他听后,他再做"小老师"给同学们讲解。通过不断地"问"和"被问",可以直接锻炼东东提问的"胆量",提高他提问的能力和方式,训练他的提问技巧,并且以他为榜样,让大家都感到问问题并不可怕,实际上是好事情。

【问题情境6】

温故知新　嫌烦怕累

老师鼓励每个孩子回家认真复习后再完成作业,这样可以把知识牢固掌握,做作业更高效。小凡觉得这样太麻烦,一回家直接拿起本子就默写,词语没复习,当然错误百出。小凡妈妈要求他再订正,他更是一百个不乐意。

【一般思路】

1. 端正学习态度

像小凡这样的孩子在平时的学习生活中,还是比较常见的。老师每天都要对学生的书面作业进行检查和批改,而一些口头作业、家默工作、预习复习工作就难以及时检验,造成了学生忽视预习复习工作,偷工减料的情况。其实,像小凡这样的孩子,归根结底还是缺乏学习动力,学习不积极、欠主动,学习态度不够端正。

我们首先要端正他的学习态度,让学生充分认识到预复习的重要性。小学生由于不会预复习,也没尝到预复习的好处,故而会对预复习持被动态度。这时,老师要教给学生正确的预复习方法、提高预复习效率。当学生在预复习功课中为自己解决了一个又一个难题时,一定会十分欣喜,获得成功的体验。学习一旦有所追求,就会对预复习功课发生兴趣。久而久之,习惯即可养成。同时,老师在平时的教学中,要更加注重对学生预复习作业的反馈,每堂课结束前,可以布置口头及笔头的预复习内容,培养学生养成预习—听讲—复习—作业—总结的系统学习方法。明确要求学生做到"今日功课今日毕,一早一晚预复习"。经常督促孩子按时复习当天的课程,预习第二天要上的新课,并且在教学活动中,多多设计反馈环节,培养孩子养成复习旧课和预习新课的习惯。

2. 制订学习目标

有了预习、复习的内容,如果没有目标,则显得盲从。学生如果能够为自己制订下近期的学习目标,这样他们有目的地学习,就能调动学生的兴趣。当他们达到目标后,既增长了知识又有了成就感,这成了推动学生学习的动力。所以,当学生有一定预习、复习习惯后,老师可指导不同层次的学生制订各自的学习目标,更利于维持学生学习的兴趣,习惯的持续养成。

通常,学生的预复习工作大多数是在家里完成的,那么家长与老师的配合监督就至关重要了。每个孩子的智力、接受能力有所不同,家长应该全面去了解自己的孩子,根据自己孩子的具体情况为他们制订一些容易达到的小目标,循序渐进,耐心引导。当孩子在家里有了改变的时候,家长可以和老师联系或沟通,让老师在学校或班里给予鼓励和表扬,及时强化他们的好行为。

【聚焦结合点】

在小凡的案例中,可以看到小凡对于每天的默写复习工作十分抵触。心理学中,有一种"超限效应",就是指刺激过多、过强或作用时间过久,从而引起心理极不耐烦或逆反的心理现象。那么引起小凡"超限效应"的是什么呢?一是反复默写:一成不变的学习方式可能对小凡来说十分枯燥,让他感觉十分不耐烦。二是总是处在被指令被检测的被动状态:每次都是在妈妈的再三要求或强迫下,更有可能在家中被打骂或者拿他和班中的优秀学生比较,妈妈经常在小凡面前流露出对他的不满等,都会伤害孩子的自尊心,使孩子自暴自弃,对学习失去信心,从而产生逆反心理,并且对默写这件事相当抵触。

【另辟蹊径】

方法一:默写有新招。

为要默写的生字想出独特的记字好方法。可以以小组的形式,群策群力,把每天要默写的生字挑出来,想出好的方法记住它。比如:换部首、编儿歌、加一加……然后汇编成小册子,加深对字的记忆,提高学生的积极性。

回家后,家长放手,让小凡自主复习,用他自己觉得好的方法复习,并且制订自查表,看一周默写成绩的走势曲线。通过不断调整复习方式,养成好的学习习惯。

方法二:角色互换显身手。

可以把每天的默写变成游戏,进行角色互换,即由小凡默写、妈妈检测,变成妈妈默写、小凡检测,老师暗地指导妈妈默写时故意"丢胳膊少腿",如果小凡老师连续五天都能达到"火眼金睛"水平,就继续当老师,反之,就把角色换回来。

这样,可以提高小凡默写的积极性,产生"反超限效应",减轻小凡的逆反心理。帮助小凡建立一个良好的富有成效的家庭学习氛围,也就能培育出日常积极、自觉的学习状态了。

四　明确角色负责任

二联小学　章春梅

【问题情境1】

小小岗位　如何选择

老师鼓励每个孩子在集体中找到自己服务的小岗位。可燕燕和东东都想当一名领读员,每天上课前站在讲台前领读,那多神气!而两个人又不能同时在讲台前领读,燕燕和东东争吵了起来……

【一般思路】

学生的小岗位建设是班级文化的一种重要形式,它是班主任工作的重要抓手,也是培养学生能力的有效途径。在小学阶段,小学生作为成长中的人,有实践锻炼的需要、展示的需要、沟通的需要,小岗位建设在班级生活中起着无可替代的作用。遇到上面的情况,有经验的班主任一般会从以下几方面着手处理。

1. 轮岗互学技能

燕燕和东东都想当"领读员",选择这一管理岗位一方面说明两人对自己都颇为自信,觉得自己的朗读声情并茂;一方面也看出他俩都喜欢表现自我,有机会展示自己的才华,他们当然当仁不让。可他们没有考虑到寻找岗位的真正意义:自己是集体中的一员,要为集体出一份力。岗位是为大家服务的,是为大家服务的一个平台;岗位不是"一场秀",更不是一次"领导"巡查。

教师可以通过晨会、班会等形式再次明确寻找岗位的目的意义,引导学生正确地选择岗位,尽心尽力地履行岗位职责,担当起应尽的责任。教师可以建议燕燕和东东商量解决这个问题,共同承担起"领读员"的工作。例如两个同学轮岗,或是一人领读,一人管理纪律。引导学生在共同承担岗位任务时互相学习岗位技能,互相学习合作,互相予以支持肯定。

2. 摆事实讲道理

燕燕和东东在同时选择一个岗位后采取了争吵的方式,说明他俩在人际关系处理上还有待学习。当感到自己喜爱的岗位会被同学得到,心情肯定是不愉快的。可争取岗位是靠自己的实际行动,是靠同学与老师的信任,而绝不是与同学争吵得来的。在与同学发生矛盾后,善于运用协商、摆事实讲道理的方法与他人沟通才是正道,一味地赌气发泄并不能解决问题。

鉴于一般的班级开学后,集体中已经设立了许多服务岗位,因此老师发现上述情况时没有必要离开班级的实际和已有的基础让学生重新寻找岗位,而是可以通过以下三种途径来处理:其一是引导学生总结已有岗位职责的履行情况,表彰认真履行岗位职责的同学,在此基础上讨论今后怎样进一步做好所担负的岗位工作;其二是根据班级工作发展的需要,提出调整或设置新岗位的建议,同时引导学生对新岗位进行竞聘;其三是开展岗位换届工作,即在总结岗位职责履行情况的基础上重新聘请各岗位的干事,同学们可重新申报志愿,可以仍申报原岗位,也可以申报别的岗位,如果有几个同学申报相同的岗位,则可以进行竞聘,增强学生的服务意识,培养学生的责任感。

【聚焦结合点】

小学阶段是学生行为规范教育和情绪商数(即情商)发展的一个非常重要的时期。研究显示,情商是决定一个人能否成功的关键。情商是指人在情绪、意志、耐受挫折等方面的能力。学生的行为规范教育和情商培养这两者之间是相通、相融的,班主任要将两者有机结合,及时关注、挖掘这一新的教育点。

燕燕和东东都想当"领读员",他们都只是从自己的愿望出发,在

"我"的小圈子里思考问题，而没有把自己放进班集体这个大圈子里，真正从做好这个岗位的角度思考："谁最适合当领读员"，或者"谁当领读员才能把班级的早读工作做到最好"。只考虑自我需求，不考虑集体需求或者工作需要，这就是情商不高的表现。前文中提到"用共同领读"或者"轮流领读"来解决，固然能够消解矛盾，但是对于提高这两个学生的情商，提高全班同学的情商没有实际作用。情商是学生适应现代社会生存、竞争、发展的重要能力。情商的培养和行规教育一样具有可训练性，而且越早培养效果越明显。班主任应本着促进学生健康发展的目标，采取有效的教育手段，为社会培养出更多高素质的人才。

【另辟蹊径】

1. 从他人眼里看自己，明确岗位标准

教师可以请全班同学在小纸条上评价：燕燕和东东，谁最适合当"领读员"，理由要具体，不署名；再把同学们的评价分别交给燕燕和东东看，让他们有机会从他人的角度认识自己，走出自我小圈子。

然后，再请燕燕和东东根据同学们的评价，归纳一下谁最适合当领读员。在这过程中，老师要着重引导燕燕和东东把选择岗位的着眼点，从只从"我的兴趣"出发的一点论，转移到既考虑"我的兴趣"又考虑"有利于工作"的两点论。这个过程，不仅是逐步形成"领读员"岗位标准的过程，也是燕燕、东东乃至全班学生提升情商的过程。

丹尼尔·戈尔曼教授提出的"情商的五个维度"，分别是了解自我、自我管理、自我激励、识别他人的情绪和处理人际关系。班主任要引导学生从他人眼里看到自己的优缺点，帮助学生了解自我。归纳岗位标准的过程是学生自我教育的过程，也是帮助学生增强"关注他人"意识的有效途径，从"我想做领读员"提升为"怎么做好领读员"，可以提高学生的服务意识，提升学生与人相处的能力。

2. 建立岗位实习，择优选拔上岗

世界上没有相同的两片叶子，每个学生都各有特点。老师可以启发学生根据自己的特点选择岗位,为大家服务。也可以是在岗位工作中锻炼自己,弥补自己的薄弱环节。低年级,老师可以运用讲故事的方法,说明白道理。如给孩子讲讲《小猫找工作》,孩子们不难发现小猫会抓老鼠,"食堂保安"的工作最适合它了。中高年级,老师可以组织一次竞聘会,让学生毛遂自荐,向大家阐述一下自己竞聘的优势与特长,或是自己努力的方向。教师可以在班中建立"岗位实习制",燕燕和东东各自在领读员岗位实习一个阶段,再由全班同学评价,择优上岗。总之,学生可以依据自身发展的需要,根据班级的实际情况寻找到适合自己的岗位,在岗位工作中培养责任意识。

【问题情境2】

岗位工作　难以坚守

学校有执勤队员护导的小岗位,能站在校门口与老师一起护导多神气呀！刚开始,班里的10个小朋友都积极性很高。天再冷,他们都能早起到校参与学校管理。但过去几天之后,大家的热情"褪"去了,周三少了一个人,周四又少了两个人,到周五就只有3名执勤队员了……

【一般思路】

为加强学生行为规范的自我管理与自我监督,每所学校都会安排学生轮流在校门口进行执勤中队的护导工作,以督促学生规范进校礼仪。学校要求执勤中队成员必须每天早上准时到岗,按规定佩戴好红领巾和标志。在执勤过程中必须认真、负责,对同学、老师和来宾有礼貌。可作为小学生,意志品质有些薄弱,持久性不足。以上情境的出现屡见不鲜,有经验的班主任一般会从以下几步入手处理。

1. 听听榜样故事

班主任可通过讲故事的方式教育学生做事要有责任心。比如把《最美司机吴斌》和《抗震小英雄林浩》的大量资料,浓缩制作成适合小学生观看的视频和数字故事,创设感人的情境,引导学生从中体会和感悟。

学生在观看视频《最美司机吴斌》时，震撼人心的画面、惊心动魄的故事、扣人心弦的情节无不感染着学生，使学生产生情感共鸣，不由自主地感受到：吴斌虽是个平凡的年轻人，但他却用自己的生命谱写出了不平凡的乐章。是他，在身负重伤的危难时刻紧握承载乘客生命的方向盘，保全了全车乘客的生命。而他自己则忍受着剧痛的折磨最终离开这令他留恋的人间。他用他的生命和责任挽救了一车的乘客。他的生命远重于泰山。

看了数字故事《小脊梁 大责任》("抗震小英雄——林浩的故事")后，无人心中不为之震动。感动像一颗颗生根的种子，在孩子们心中发芽。小林浩用自己的责任心汇聚了世间最动人心弦的力量。孩子们的思绪像清澈的水面，从中清晰地看见了责任感成就的那份执着与坚守，他们不禁感叹："责任感的力量是多么的伟大！"有了多媒体的有效整合，学生能够多角度、多渠道地进行学习和思考，从而树立起责任意识。

2. 树立身边榜样

榜样的力量是无穷的：伟人的可贵，令人敬佩；身边的榜样，更让人鼓舞。重视对学生身边榜样力量的挖掘既可形成良好的行为导向，又能消除学生认为责任感高不可攀、可望而不可即的偏见。塑造学生身边的榜样，挖掘学生身边榜样的故事是教师培养学生责任意识的重要策略之一。例如小张同学养护班级植物；"飞翔小队"擦除社区黑广告；队员们齐心合力抹除墙壁上的脚印。有责任感的个人、有责任感的小队、有责任感的集体，层层深入，步步推进。老师可以借鉴"感动中国"节目的颁奖激励方式，给这些小榜样戴上大红花、颁发奖杯、播放声情并茂的颁奖词，强化学生良好的具有责任感的行为，使每位队员都有这样真切的感受："我也要做一个有责任感的人。"这些来自身边小榜样的故事无不感动着他们，无不激励着他们。这些活动对学生的道德行为起着强化的作用，使之巩固，进而形成良好的行为习惯、道德品质。

【聚焦结合点】

科学研究和实践证明,在成功的诸多主观上的因素里面,智商(IQ)因素大约占 20%,而情商(EQ)则占 80%左右。沃勒曾经说过:"尽管我们用判断力思考问题,但最终解决问题的还是意志,而不是才智。"意志力也是情商的一个范畴,是指一个人自觉地确定目的,并根据目的来支配、调节自己的行动,克服各种困难,从而实现目的的品质。

刚开始,孩子们的热情是高涨的,因为能作为班级代表站在学校门口与护导老师一起执勤是很光荣的一件事。早晨在校门口检查每个进校学生的文明礼仪:同学有没有穿校服,有没有佩戴少先队标志和红、绿领巾,有没有在礼貌线前向老师问好。这是每个学生的向往,让孩子们倍感自豪与快乐!但真正站在寒风凛冽的校门口,重复着简单而枯燥的动作,还要保持笔直挺拔的站姿,那股子热情慢慢地就熄灭了。困难变得显而易见,个别孩子的缺席正是意志力薄弱的表现。前文中提到"听听榜样故事"或者"树立身边榜样"来解决,确实能激起孩子为大家服务的责任心,但是对于提高值勤队员的意志力,一点儿作用也没有。磨炼孩子的意志力,提高学生情绪管理能力不能单单靠班主任的说教,榜样的示范,也可以借助于一些训练来实现。通过意志力训练,培养学生养成良好的行为习惯,让学生排除困难做正确的事情,从而有能力和意志力去做更难的事情。

【另辟蹊径】

1. 收集妙招,迎接挑战

一些报名参加执勤队员护导小岗位的同学热情有余,意志不足。所以班主任在他们上岗工作之前,先要提醒学生:这是一次对大家意志力的考验,一旦选择就要坚持到底;坚持到底就是胜利。老师可以在午会课时,邀请高年级的优秀执勤队员前来介绍经验,谈谈岗位工作中的真实体验和自豪的感受,谈谈大家可能面对的辛苦与困难,让所有报名的同学做好心理准备。

办法总比困难多。如果冷静下来多想想,一定能找到更完美的解决办法,得到更好的结果。班主任可以在班级中组织搜集"冬天督促自己按时起床到岗"的妙招,引导学生自我教育,互相支招。孩子们的妙招既符合实际,又妙趣横生。有的同学说手机里有录音设施转为闹铃的,可以自己录音:"某某,快起床吃美食了";有的同学说可以使用光线叫醒,妈妈逐渐调亮台灯;有的同学建议使用动物叫声叫醒,比如狮吼、鸡鸣,都很有效……

2. 拍照签到,考核激励

学生在班集体生活中已明确知晓了自己小岗位的职责,具有初步的责任意识。但他们有时做事虎头蛇尾,不能坚守自己的岗位,需要老师的督促和伙伴的帮助。老师可以做个有心人,坚持担任学生执勤队员护导小岗位的"考核员",每天撷取学生执勤护导的镜头,用照片或录像的形式予以真实记录,每天午会课进行总结与表扬,让队员们明白做事要有始有终,责任贵在坚守。而那些缺勤的队员看了老师的照片后也会有更深的感触。老师由此可以提出:下次再由我班担任执勤工作,老师会继续为执勤队员拍照签到。学生明确了自己的职责,得到了老师与同学的情感激励,有了努力的方向,相信他们会以崭新的姿态迎接这次挑战,进一步磨炼自己的意志力。

【问题情境3】

爱找理由　推卸责任

轮到文文当值周生了,她心里很高兴。但值周生每天要提前10分钟到校,她连着两天都来晚了,组长批评了她。她说:"不就是晚到了5分钟,那么认真干什么?"伙伴提醒她:地面没有扫干净。她噘着嘴说:"扫帚旧了,扫不干净也怪我吗?"

【一般思路】

学生的行为习惯养成是一个漫长的过程,只有常抓不懈,才能使规则意识得到巩固。班中一些倔强、任性、缺乏规则意识的孩子总是会出一些"状况",班主任一定要耐心引导,因材施教,"一把钥匙开一把锁"。

1. 树立规则意识,办法比困难多

能当上值周生,负责管理班级是件让人自豪的事情。文文开始是很乐意把事情做好的,但是她漠视做值周生的要求,比如每天要提前10分钟到校为大家服务,扫地要把地面扫得一尘不染。文文只想享受当值周生的荣誉感,不想遵守当值周生应该遵守的规则,规则意识淡薄。她认为只要做得差不多即可,不需要认真对待。这使得她没有很好地履行小岗位的职责,错漏百出。

班主任可采用个别谈话的方法,告诉文文"没有规矩,不成方圆"的道理。老师要耐心疏导,给她鼓励和支持。老师可以引导她:班级里每个人都有自己的岗位,都会轮到做值周生,其实每个同学都希望自己能把这个岗位做好。然而在工作中常常会遇到许多这样或者那样的困难和问题,成为我们前进中的阻碍和绊脚石,这就需要我们认真思考寻找解决问题的答案。一些人之所以失败,是因为他们放弃了去解决困难和问题的努力,事情当然办不成、办不好。因此,我们在任何时候都决不能退缩,因为办法总比困难多,只要你去努力了,从工作中不断思考实践,就一定会找到解决问题的办法。虽然"扫帚旧了,扫不干净",但聪明的文文一定有好办法来解决。

2. 榜样引领示范,提高服务能力

通过学生轮流当值周生,引导学生树立起"人人为我,我为人人"的服务意识,可以创建温馨友爱的班集体。可见,平时文文没有关注到其他同学是怎样认真尽职地当好值周生,为大家服务的。班主任要发挥榜样的示范作用,请一位优秀的值周生做一次示范,让文文看到别的同学是如何把教室认真地打扫干净的。

另外,班主任也要具体了解文文的思想,关心她是否有实际困难,如:为什么没能把地面扫干净?是否掌握了扫地的一些技巧?班主任要细心地教孩子做事的方法与技巧,培养孩子的能力。

【聚焦结合点】

从心理学分析"责任心",可有三个维度:责任意识、责任感和责任行为。文文有一定的责任意识,但责任感薄弱,所以,责任行为不到位。责任感是一种对于责任的感情,感情是需要体验的,体验越深,情感就越强烈。前文中提到通过"老师亲切谈话"或者"榜样引领示范"来解决,确实能温暖孩子的心灵,鼓励她遵守校纪校规,但这些都只是外力作用,缺乏情感体验,对于增强文文自觉遵守纪律的内驱力,增强"责任心"作用不大。

【另辟蹊径】

1. 创设情景,情感体验

责任感是一种对于责任的情感,需要更多的情感体验。如果文文能有深刻的情感体验,她的责任感才会日益增强。老师可以设计各种活动,让学生从中对责任心产生真切的体验。如针对不少学生随手乱扔纸屑,教室保洁习惯差的现状,请学生观看短片:在炎炎夏日,由于环卫所没有及时清理垃圾,造成垃圾堆积,异味四溢,居民苦不堪言,纷纷投诉。可见,责任感的缺失,责任行为的不到位,会引起麻烦。又如重庆綦江彩虹桥由于设计单位设计不规范和建造单位施工质量差的原因,导致始建于1994年11月5日,竣工于1996年2月16日的彩虹桥,垮塌于1999年1月4日,建设工期1年又102天,使用寿命仅2年又222天。这次因工程质量导致的重大责任事故,共造成40人死亡,其中包括18名年轻武警战士,直接经济损失达628万余元。这些真实的例子,能激发起文文这样的学生强烈的情感体验,使之体会到责任心的不到位关系重大,甚至于可能导致社会的危机和民族的危机。

2. 岗位互助,明确职责

值周生该做些什么,怎样做才算好,有些什么好方法吗?做过一次或几次的值周生同学肯定更有经验与体会。老师可以安排文文以

"岗位新老互助"的形式先做一周值周生。文文作为"值周生实习期",另安排一名较有经验的同学作为"师傅"。老师在聘请"师傅"时,可与文文一起商榷,选择能与她友好相处的、善于交流的学生。两个同学是同龄人,在一个班级,又要一起承担值周生任务,相信他们能在岗位上彼此交流与互相学习。在担任此岗位时,遇到问题与困难,文文就能从"师傅"那儿学到更多的方法和技巧,更直接具体地了解岗位的职责。责任行为就是要从小事一点一点培养,从而形成责任习惯。文文在岗位中有了贴心"师傅"的指引,能得到真正的锻炼与成长,既积累了经验,又增强了责任感意识,还培养了主人翁精神。"值周生实习期"满,老师和文文可以一起听听"师傅"对文文的评价,然后决定继续"实习"还是可以"独立上岗",以此激励文文做好值周生工作。当然,有了一定的经验后文文也可以做"师傅",以此增强遵守纪律的内驱力。

【问题情境4】

兵兵待人　宽己严人

兵兵当语文课代表,收发作业认真负责,谁晚交了都不行!可他自己的作业写得很马虎。有同学给他提意见,他却说:"对集体的事我应当负责任,可我的作业是自己的事,马虎一点没什么大不了的。"

【一般思路】

《增广贤文》中有这样一句话:"以责人之心责己,以恕己之心恕人。"意思是说,以严格要求别人的态度要求自己,以宽容自己的态度宽容别人。孔子曾说过:"其身正,不令而行;其身不正,虽令不从。"这就要求小干部以身作则、身先士卒,处处以更高的标准要求自己。因为小干部不仅是指令的发布者,更是行动的带头者,应以自己的模范行为去取得全班同学的信任。

1. 作业对比,学习自律

兵兵对自己的语文课代表工作是认真负责的,管理能力强。可惜他疏忽了自己的职责之一：做好领头雁，为每一位同学做好榜样，只有兵兵自己认真完成语文作业，同学们才会信服他的管理。连语文课代表的语文作业也马马虎虎，其他同学怎会不有样学样？

所以，班主任应首先帮助兵兵明确自己的职责。语文课代表的首要职责是为同学们的语文学习做好表率。班主任向兵兵讲了这样一则寓言：火车认为铁轨限制了它的自由，如果没有铁轨它就能和汽车一样随意驰骋在大地上。有一天，当它冲出铁轨时，发现一切都晚了，轮子深陷入泥土中，身躯再也无法动弹了……班主任还可以把同学的作业与兵兵的作业放在一起，请他自己打分。以这种方式教育兵兵，再次强调要树立自律意识，像要求其他同学那样来要求自己，用行动加强自我管理，效果可能更好。无自律难以明志，非自律无以致远。只有给其他同学做好表率，真正做到以身作则，才能使大家心服口服。

2. 互相沟通，自我提升

兵兵严格要求同学，却对自己很宽容。他对待他人和对待自己用了两把不同的"标尺"，自己作为语文课代表工作时尽心尽职，可自己的语文学习素养却没有在工作锻炼中得到提升、锤炼，有时反而很容易与同学产生矛盾。"响鼓更需重槌敲。"班主任要告诉兵兵，老师对你和同学是一视同仁的，切不可以"语文课代表"自居，对大家提出的意见置之不理。要从同学中来，到同学中去，倾听同学们对你提出的意见，采纳合理建议，严格要求自己，尽快改正缺点，今后才能把语文课代表的工作做得更好。

【聚焦结合点】

班主任要了解每个学生的优点与缺点，在学生的小岗位服务中帮助小干部提高思想认识，明确工作要求。对于小学生，应避免单纯的说教，要通过情境、游戏等方法帮助学生在岗位服务中认清责任和义务，逐步改掉自己的缺点，真正成为同学们信任和喜爱的"火车头""顶梁柱""领头羊"。

🔍【另辟蹊径】

1. 以身作则为前提，竞聘上岗有规则

小岗位的设置可以通过竞聘来施行："岗位竞聘，能者上！"何为"能者"？可以请同学们一起来定规则，如领操员要动作规范，口令声音响亮；餐垫管理员要细心周到，能把物品摆放整齐；语文课代表要语文作业字迹端正，正确率高……以身作则作为当选的首要条件提出，对兵兵是个很大的触动：如果自己的语文作业马马虎虎，同学们不会把票投给自己，那"语文课代表"这个职务自己肯定得不到。为了获得这份殊荣，相信兵兵会更加努力、认真地完成语文作业，提升自己的语文素养，以此获得同学们的认可，成为一名名副其实的"语文课代表"。

2. 角色互换来体验，责任意识需增强

兵兵在语文课代表岗位上，对同学严格要求，自己却没有认真完成语文作业。根据此种情况，不妨来个角色互换。老师请一位同学演"不认真完成作业的××"，兵兵作为语文课代表去教育他；之后再角色互换；再请兵兵和这位同学谈谈自己的体会和收获。角色互换体验，既让兵兵教育了同学，同时也进行了一次深入的自我教育。兵兵明白了以身作则的重要性，要让同学们听从自己的劝导，自己首先要做到位，甚至比同学们做得更好，那才能说话"掷地有声"。角色互换可让岗位管理者和被管理者彼此更加了解，也会更设身处地为对方着想，互相之间更多了一份理解、包容和尊重；孩子们更由此增强了主人翁意识和自我管理能力。

📜【问题情境 5】

协同工作　不负责任

每逢做值日时，劳动委员和值日班长忙得不亦乐乎，而有些同学却在一旁追奔打闹；或者是自己的任务完成后就开始催着值日班长让自己回家，好像其他人没打扫好跟自己没关系。

【一般思路】

团队协作精神是做好事情的保证。有些同学认为值日生工作是劳动委员和值日班长负责的,这些事情和自己没有关系,自己只要快些完成任务就可以回家了,打扫不打扫都不要紧,不需要自己劳心劳力。这些同学不考虑自己应该承担的责任和义务,把责任一股脑儿地推给了小干部,殊不知自己也是班集体的一员,也有把教室打扫干净的责任,可见他们缺乏团队协作精神。

学生之间的团队精神,不仅涉及认知领域,更涉及情感领域。它的有效实施,不仅能使学生获得知识、技能的发展,更重要的是它促成了学生情感、态度、价值观的发展。所以,在教育教学中,教师应该努力为学生搭建合作的舞台,让学生在学习中学会合作,在合作中学会学习。

1. 明确分工,共同完成

俗话说"一个篱笆三个桩,一个好汉三个帮",个人的成功离不开众人的帮助和支持,一个人再强,素质再高,也需要伙伴的配合和帮助,否则也成不了"好汉"。"三个和尚没水喝"的故事充分说明了团队协作的重要性,老师可以利用班会课,给同学们看一看动画片《三个和尚》,引发学生的思考:为什么一个和尚挑水喝,两个和尚抬水喝,三个和尚没水喝?三个和尚因为职责分工不明确,竞争机制不健全,奖惩机制不见效,成员之间不团结,团队精神无合力导致没水喝。所以,班主任可以再组织一次会议,确定团队的每一个成员在实际工作中有明确的角色、任务以及需要达到的目标,让大家为了实现团队的共同目标而努力。

2. 故事引导,明白道理

培养学生的团队意识,要从学生熟悉的点点滴滴开始,找准切入点,帮助他们深刻认识到团队协作的重要性。比如,老师可以带领全班学生一起观察蚂蚁搬运食物,虽然一只蚂蚁拖不动比它体积大许多倍的食物,但几只甚至几十只蚂蚁相互配合,就能取得成功,这是蚂蚁团队的胜利。通过生活中这些小故事对学生潜移默化的影响，团队意识会在孩子的脑海中慢慢形成。又如，老师在课余时间带领学生跳长绳，要先分好小组，然后明确分工谁是抡绳的，谁是跳绳的。在练习的过程中，老师还要告诉学生，抡和跳的同学必须互相配合，抡绳的要把握节奏，跳绳的要灵活应变，大家默契合作。学生在这些切身的活动中，会慢慢体验什么是团队意识，什么是合作精神。

【聚焦结合点】

从问题情境中可以发现，劳动委员和值日班长对值日的同学没有约束力。只有做到职责分工明确，奖惩机制见效，才能打造出一个团结协作的团队。班主任应该从实际入手，以团队竞争的外在目标促内部的团结，发挥个人的主观能动性，增强每个人的责任意识。让他们自愿为班集体服务，更好地在岗位工作中发挥自己的才能。

【另辟蹊径】

1. 自由组队，团队竞争

安排值日时学生自由组队，队员之间往往关系更和谐。以小组形式进行评比：哪个小组做值日生更团结互助，打扫得更干净，给予小组奖励。通过评比，外在的竞争目标更促使他们组内的团结。每个组员自然而萌发这样的想法：我是这个团队的一员，我要为集体争光。每个学生都在自己的岗位服务中感悟体验、积累经验，切身体会到完成小岗位工作的不易，感受到团结协作的重要性，才会真正愿意配合劳动委员和值日班长做好值日生工作，增强个体的责任意识。

班干部要学习合理用人，组织协调好同学之间的关系，发挥每个同学的优势。如丁丁力气大，请他搬桌椅；丽丽细心，人长得高，请她擦黑板。其次，班干部要使同学们明确职责分工、责任到人，确保各项工作都能保质保量完成。再者，要引进奖惩机制，在合作中良性竞争，以竞争来激发团队合力。例如每次评选"最佳值日生""最佳合作拍档""最佳值日团队"，请这些小榜样来谈谈合作的体会和成功的秘诀。在团队合作中,让学生们自发形成竞争意识,才能更好地发挥每个人的特长,起到各尽其才的作用。教师还需要强化评价机制,促进组员共同进步。在对学生的评价问题上,要以小组为基本单位进行,使学生形成"组荣我荣,组耻我耻"的观念,提高小组的凝聚力,强化小组成员间的交流合作,促进小组成员共同进步。

2. 岗位多样,促其成长

班级里的值日班长可以是轮换制,或竞聘上岗,这可以增强孩子的责任心,满足他们被尊重的心理要求。在服务同学的过程中,明白我是班级的一员,培养孩子的主人翁精神,同时提高个人能力,增强为集体服务的意识。值日班长可以请那些善于协调同学关系,与伙伴友好相处的同学当,肯定他们乐意为大家服务的精神,给予他们展现自我的机会,激发他们积极向上的劲头,同时也是给同学们树立好的榜样。值日班长也可以请那些值日工作马虎的学生来担当,让孩子体会值日班长这个岗位的责任与辛劳。以"值日班长"这个小岗位为约束力,端正其思想,激发其积极向上的热情,促其在岗位实践中成长起来。

五　诚实守信重言行

上海民办打一外国语小学　张　玲

【问题情境1】

小明好忘　光借不还

小明是个小糊涂,今天橡皮擦没带,向同桌小红借;明天铅笔粗了,向好友小林借卷笔刀……可是,他都不记得及时归还。今天他又向小刚借画笔,小刚迟疑了……

【一般思路】

1. 分析问题

小明年纪尚小,所以是非观念比较淡薄,他并不认为借别人东西不还这样的行为是不对的。当然也会有因为忙着写字、上课,把借别人东西的事给忘了,也可能记得欠别人东西没有归还,但是自己还要用,就以再等等为借口又把这事抛之脑后了。他没有想到别人也有急需,潜意识里还是只顾着自己,不善于换位思考。另外,学生中存在的种种不诚信行为,有许多是由于不良行为习惯造成的。现在的学生在家里备受关注,滋长了以自我为中心的不良行为习惯。孩子认为自己向同学借的学习用品不值几个钱,不及时归还不算什么。另外,同学不好意思问小明要回学习用品,使他总以为别人忘了,让他的借东西不及时归还的行为愈演愈烈,这也成为他借东西不还的另一诱因。

2. 支招导行

针对小明的情况,我们可以采用这样的教育方法。其一,创设按规定的方式一贯行动的条件,其中包括集体的监督,尽可能不给小明一再犯错的机会。先让班级学生进行讨论,如何帮助小明,使其改正不诚信的习惯。例如:可以在借他东西时告诉他自己也需要用,希望他用好后及时归还;也可以在借他东西时限定归还的时间,尽快归还还能避免忘记;如果发现他有借东西不还的现象,可以很严肃地告诉他,东西借给你,如果你不能做到及时归还,下次大家都不会帮助你,要让小明理解他人的想法,懂得"有借有还、再借不难"的道理。其二,通过集体舆论,使学生了解其行为的意义和产生自愿练习的意向;借东西要归还这样的诚信教育可以坚持合理的说服力原则,同时更要关注到班集体的引导。例如文中的小明,经过教育以后一旦发现他及时归还所借的物品时,就要进行表扬,鼓励他从点滴做起,养成好习惯。通过欣赏教育、成功教育,可以使学生获得道德实践经验,激发他们积极的动机,培养诚信品质。

【聚焦结合点】

学生中存在的种种不诚信行为,有许多是由于不良行为习惯造成的,而良好的行为习惯与学生的情商水平息息相关。就"借别人东西不还"深入分析小明的行为问题,实际上他没有很好地关注他人的情绪是比较主要的原因,而且小明身上行规的缺失也影响到了他与同学的人际交往,如果人际关系没有处理好,又会或多或少地对孩子的人格产生影响,久而久之,孩子的不诚信成了家常便饭,且越来越无所畏惧。传统的诚信教育更多地看重行为结果而忽略行为过程,若是一味地告诫和警示,强调不能这样不能那样,往往得不到预期的效果。由于生活中有些不诚信言行不一定马上带来麻烦或消极后果,这也给不诚信者造成一种错觉,认为不诚信不会有任何不良后果,所以这样缺乏同理心的学生面对大家的提醒、老师的教育,内心有时不一定能产生共鸣。通常意义上的教育方法可能不会见效,孩子甚至在原先的问题上有变本加厉的可能。因此,通过说教明理来帮助孩子认识问题所在可能不是理想方法,更多的是要引导孩子关注到他人的情绪,通过换位思考的体验式教育方法,进行自我教育。

【另辟蹊径】

1. 情境设计,在体验中自我教育

学生的诚信行为必须有一定的规范意识和自我要求,所以我们既要关注行为结果,也要关注行为过程。只有当学生发现自己周围的人一旦遵守规范,学会关注他人的情绪和需要并因此取得满足感,获得众人赞赏,否则就会遭受挫折或受到舆论谴责时,他们才会理解,并相信家长和老师提出的要求是正确的,并力求按这些要求行动,他们的道德认识才能获得动力和情绪的特征,并转化为信念。我们设计的教育活动可以让小明亲身体验到自己心爱的东西被别人拿走还不归还时,那种着急难受的心情,运用这种特殊的心理煎熬,使小明认识到自己之前借东西不还是错误的行为,并且愿意主动改正。具体实施过程设想如下:某天一早,小明刚进教室坐下,就先后有好几个同学向他借东西,这个借橡皮,那个借卷笔刀,还有借铅笔、练习簿。小明一看,那些向他借东西的同学,以前都曾借过东西给自己,所以也不好拒绝。但是,他们借了东西竟然一个也不还,害得小明上课的时候作业也没法做,结果被老师批评了。当老师问明原因后,询问那些向小明借东西不还的同学,那些同学都振振有词地讲,他们是跟小明学的,小明以前向他们借东西也不还,还说好朋友之间不必计较。于是,老师借机让全班同学讨论,好朋友之间借东西真的不需要还吗?(让大家展开合理想象,同学们可以当场进行讨论交流。)最后,老师才揭穿秘密,原来,这是老师和部分同学共同策划的一个心理剧,并请小明谈谈自己的体会。这样的情境设计可以让小明在体验中切身感受,自我教育,效果也会更加深刻、有效。孩子有了有借有还,再借不难这个认识以后,要进一步指导他有效落实到行动,告诉他借别人的东西用完后就归还是个不错的方法,也可以让他准备一本记事本把容易遗忘的事记在小本子里,另外给他安排一位同桌,及时帮助提醒,通过这些方式强化他的行为,使之形成良好的习惯。

2. 一以贯之促习惯养成

学生的诚信行为必须有诚信品德作为行动指南,要使学生的诚信道德认识变为行动指南,一个主要的条件是通过其本人或所在群体的实践体验到道德要求的正确性。就像文中的小明,一旦发现他及时归还所借的物品时,就要进行表扬,鼓励学生从点滴做起,养成好习惯。通过欣赏教育、成功教育使学生获得道德实践经验,激发他们积极的动机,培养诚信品质。在这个过程中,教师还应当注意以下几点:第一,通过集体舆论,使学生了解其行为的意义和产生自愿练习的意向;第二,创设按规定的方式一贯行动的条件,包括集体的监督,尽可能不给孩子重犯不良行为的机会。

【问题情境2】

小郑怕骂　模仿签名

单元练习的成绩出来啦!小郑由于粗心没考好,考试成绩和父母期望值相差一大截,面对这样的成绩小郑愁肠百结,老师要求让父母签字,可这样的成绩一定会遭到父母的责骂,算了,这次还是模仿父母的签名,下次好好考!

【一般思路】

1. 分析问题

小郑已经是小学生了,他具有一定的判别是非的能力和自我评价的能力。他知道自己由于粗心没有考好,这样的等第不能让父母满意,他们一定会对其数落、责备,但是如果不让家长签名,老师这里又没有办法交代,于是,就想出"模仿签名"来逃避父母的监督。像这样的情况,一旦让小郑蒙混过关,那之后每当孩子遇到与父母要求有悖的事情都不敢和家长说真心话,长此以往,孩子会养成懦弱、不诚实的性格。孩子考试成绩不好,不敢给家长签名,甚至会为此事撒谎,这其实是一种逃避心理,而这种心理的产生更多地来源于孩子对家长态度的恐惧。受传统思维的影响,大部分中国家长对自己孩子有一个较高期待,对孩子的成绩情况就容易经常处在一个不满足的状态。这就使得家长在面对孩子成绩时,会过于在意成绩的起伏,难以做到心平气和地看待孩子的考试成绩,更不会理智地分析和采取合理的方式方法,反而较多数落、唠叨,甚至是训斥打骂等,用了错误的教育方式来对待孩子。

2. 支招导行

针对小郑的情况,我们一般采用这样的教育方法:其一,以"正面鼓励"来纠正孩子的撒谎,老师与家长保持积极的沟通交流,及时了解问题症结所在。在鼓励为主、发现优点的同时,帮助孩子分析其不足之处,进行合理的批评,并跟孩子一起探求解决方法。其二,对家长拿到卷子一般都会先看等第的情况,老师应提醒家长关注问题出在哪里,与孩子共同分析成绩下滑的原因,寻找相关对策,让孩子知道家长关心的不只是成绩,更关心他们到底学会了没有。

【聚焦结合点】

就儿童心理学的角度来分析,这种行为动机的形成是来源于儿童潜意识的自我保护,像小郑这样的孩子,他的不诚信行为是由于之前不良的情绪体验所导致的心理逃避。由于孩子的认知水平有限,他错误地计算了诚信的成本,以模仿签名来躲过眼前危机,这不诚信的行为恰恰是孩子胆小懦弱的表现。这样的孩子遇到实际问题不能勇敢面对,不会充分依靠老师家长的力量,来共同分析学习不理想的原因,而是心存侥幸,选择逃避,殊不知诚信的言行仍然是成本最小的选择,长期缺乏诚信意志的行为将使孩子成功感缺失,更缺乏自信,因而失去远大的目标,形成恶性循环。对于这样的孩子,一些通常意义上的教育方法可能效果不佳,孩子遇到实际问题时可能仍然选择逃避。因此,当正面鼓励与表扬失效时,更多地是要引导孩子及时调整心态,培养诚信的品质,并借助外力促使其坚持下去。持续有效的正面评价有助于孩子自我激励的形成。

【另辟蹊径】

1. 正面鼓励,体验诚信的价值

为了帮助孩子学会看到事情的优点面,教师在平时的学习生活中可以常常用正向教育法帮助孩子体验诚信的价值。比如试卷下发时,小A向老师反映有道题判对但实际做错了,老师可以通过提高等第的方式奖励小A诚实的行为;教室里的实物投影仪坏了,小B主动承认是他不小心弄坏的,后勤组老师鉴于孩子诚信的行为免于赔偿。这样的正面鼓励,可以让学生体会诚信做事的优点面,从而避免负面情绪的不当干扰,找到激励自己坚持下去的动力。

2. 指导家长,减少诚信的成本

小郑模仿家长签名,是因为之前家长对他过高的期望值和不恰当的教育方式——责骂,小郑守信的代价就是"受到父母责骂",只有痛苦、没有收获。这样的成本超出了孩子的心理支付能力,所以,要指导家长改变教育方式,减少孩子守信的成本。安排合适的机会让小郑诚实地把成绩不够理想的试卷给父母签名,当他接收到父母不会因为暂时的成绩落后而批评责怪他的信息时,孩子自然会体验到诚信依然是成本最少的有效选择,从而培养学生勇敢大胆地坚持诚信品质。

3. 借助外力,培养学生正向思维

培养学生的诚信品质是一种长期的锤炼。孩子年龄小、缺乏意志力,不能坚持,只顾眼前的利益,认为不诚信就是躲过眼前危机的最好方式,这时就需要教师进行外力引导和促进。面对模仿家长签名的小郑,首先要让他知道老师并不在乎那个签名,只要他能暗暗努力就可以,还要告诉孩子下次不管取得怎样的等第,都要敢于面对父母、面对自己。为了帮助孩子们学会看到事情的优点面,老师在批阅试卷的过程中要特别关注到成绩不够理想的学生,在点评试卷时指出问题、可改进之处以及写得特别好的地方。其次要鼓励家长与孩子共同分析试卷上出错的原因,是粗心,还是不懂?是动作太慢来不

及,还是写得太快笔误?另外,家长也可以对比孩子近期的几份试卷,孩子有提高时要及时鼓励和表扬。教师还可以常常用正向发问的方式启发孩子的思考,比如"这次考试的收获是什么?""这次考试中你哪一部分比之前有进步?""哪一部分内容完成得最棒?"孩子在不知不觉中具备了正面思维的能力,与此同时他也会在心理衡量诚信的成本,了解到诚信仍然是成本最低的选择,长此以往,诚信品质就能内化。

【问题情境3】

许下承诺 难以兑现

唱游课要用口风琴。担任班干部,又是唱游课代表的小潘热心提议,周末让妈妈带她去买,顺便为大家代买。可是周末妈妈突然单位有事,没能带小潘去买口风琴。同学们纷纷指责她不守信用,小潘也很郁闷,本来是出于好心,却办坏了事。

【一般思路】

1. 分析问题

课代表小潘是个比较热心的孩子,作为班干部又是音乐课代表的她有很强的工作责任感,觉得帮助同学是分内事,所以就很自然地提议为大家代买口风琴,但是她想当然地觉得买口风琴是一件很简单的事,顺便为同学代买也是举手之劳,殊不知当她热心地把这件事情揽在身上后,就已经向别人许下承诺,而在践行承诺的过程中又遇到了困难。小潘年纪小,她帮助别人代买口风琴这件事,无法通过自己个人的努力去办好,尽管她主观上想去做到,但最终还是因妈妈有事而失信于同学。

这件事上同学们的反应是否过激呢?答案显然是否定的,因为小潘没有帮他们买到口风琴,对于同学来说就会有两方面的损失,一是耽误了他们上音乐课学琴的事,也让同学们失去了做其他努力的机会。如果小潘及时告知同学自己不能代买口风琴,他们还可能去做其他的努力,也许"东方不亮西方亮",同学们能自己找到解决问题的办法。二是会让同学有强烈的心理失落感。如果这件事情确实比较难,而小潘没有给同学们肯定的信息,他们就会有事情做不成要怎样做的心理准备。现在满怀的希望一下子落了空,那种心理的落差一定是很大的,对小潘的抱怨情绪也就加剧了。

2. 支招导行

这件事看起来好像是小潘好心办了坏事,实际上根本原因是小潘诚信观念有所缺失,她并非有意失信于人,但却在无意间得罪了他人。有人说:"话没出口你是它的主人,话一出口,它就是你的主人。"也就是说在我们的头脑中你如何想是自己的事情,我们不需要对此负什么责任,但是当话一旦说出口,我们就要为此负责,这也是一个负责任的人对自己言语应有的态度。小潘在承诺与无意失信的过程中,其实有挽回的余地,但这一方面可能是小潘年纪小,考虑问题不够全面,另一方面同孩子与人交往的能力还比较弱有关。对于小潘的情况我们一般采用这样的教育方法:要让孩子明白一诺千金的道理;量力而行,不轻易许诺,承诺过的事情努力去办;如果因某种原因没法履行诺言,要尽快弥补。

【聚焦结合点】

应该说在生活中,大部分孩子都明白一诺千金的道理。但是在许诺之前,往往有一个更重要的条件,那就是在与别人约定之前要认真思考,比如要了解这件事的具体要求是什么,自己是否有这方面的资源,是否有能力完成这件事情。一切从实际出发,才能够真正做到守信。可是由于孩子年龄小,对人对事没有一个正确的预判,因此常常高估自己的能力而轻易许诺,这就形成了诚信两难的情况。这种热情有余而力不能及的状况是孩子始料未及的,也是我们教育的难点。不轻易许诺固然很有道理,但孩子在实践的过程中,有时又可能因为简单的拒绝让人感觉不舒服,自以为不会做人,情商低。事实上,热心为他人办事的人,一定是情商高吗?不一定,如果不根据自己的能力，轻易承诺自己完不成的事，那是一种病态心理，即"取悦他人"。有一个小品《有事您说话》，把取悦他人的心理演绎得活灵活现，这样的人最终委屈了自己还不讨人好。小潘主动提出要为大家买口风琴，不能排除为了树立自己好形象的动机。结果最终没有实现这个承诺，反而损害了自己的形象，这不是情商高的表现。既要让别人舒服，也要让自己满意，能在他人利益和自我利益之间恰当把控，这才是情商高的表现。

【另辟蹊径】

1. 巧设情境，换位思考

首先我们可以利用班会课，让同学们讨论如果有人特别需要你的帮助，而自己对能否完成这件事情没有足够的把握，我们该怎么做，怎么说？是断然拒绝呢？还是实话实说，表达我们的诚意。在讨论过程中孩子们都觉得可以这样说，比如"我先问一下我妈妈""我先试一试""我先了解一下""这件事做起来有些困难，但是我可以试着做看能否帮上你的忙"。通过讨论孩子们得出结论：说这些话的时候，也许会让人觉得没有那种"没问题，这件事包在我身上"听着痛快；但是，如果我们对某件事没有充分的把握，自己又大包大揽，传达给他人的信息是"我可以很容易地解决这件事情"，于是他人就不再为这件事情去想别的办法，在自己无法完成时显然会给别人带来困扰。

以上的方法是通过创设情境培养孩子的同理心，这是基本的人际关系技巧。具有同理心的孩子有能力从细微的讯息去察觉他人的需要，设身处地为别人着想。接下来也可以让感觉郁闷的小潘想一想音乐课上同学们不能正常学习到口风琴的心情，再启发孩子在她无意失信后，能否用比较合理的方式弥补。比如，她可以请家里其他的长辈陪她去买口风琴，完成自己许下的承诺；她还可以通过联系同学，把困难告知大家，把大家由此带来的损失降到最低。同时也要请指责小潘不守信用的同学体会小潘的心情，让同学们了解到小潘是好心办了坏事,她是无意失信,这件事没有办好给大家带来损失,她也很难受。班级是个群体,在培养孩子同理心的过程中,只有通过让学生亲身体会,换位思考,才能达到"己所不欲,勿施于人"的效果,不失信于人而又关心爱护他人的感受才能有效地在情感大脑中发育出来。

2. 不断思辨,提升认识

通过故事会形式,启发学生进行思辨,加以讨论,帮助学生提升认识。故事内容可以是诚信两难的情境:例如,本周六小丽的表哥从国外回来,请小丽一家聚餐,而小丽很早就答应好朋友的邀请,要参加朋友的生日派对,如果小丽不去表哥那里,表哥毕竟几年回一次家,于情于理说不过去,如果不参加好朋友的生日派对,那将失信于同学,小丽该怎么办呢?假如你是小丽,该怎么做?通过讨论,引导学生选择,以促进学生在两难情境中妥善处理好人际关系。

【问题情境4】

荣誉诚信　难以取舍

今天轮到四(1)中队在校门口值勤,检查全校同学的红领巾佩戴与进校礼仪,对没有做好的同学要登记在案。不巧,自己班的明明忘戴红领巾了!值勤队员果断记录下了明明的名字,可队长觉得会影响班级的行规成绩,要求队员擦去姓名,悄悄放过。

【一般思路】

1. 分析问题

行为规范的养成教育是学校德育工作的重要组成部分,传统的行规考核是通过对各班的进校礼仪、学生的两操、课间休息、用餐情况、两分钟预备铃等进行评比,并以此作为评选行规示范班的重要依据。为了培养孩子们自我管理的能力,行规考核一般都是由各班选出来的执勤队长和队员做记录,在没有老师的监督下,执勤队员的工作要做到公平、公正、公开。情境中的执勤队员在发现自己班级同学忘戴红领巾而照章办事是正确的做法,可是队长却要求悄悄放过明明,一方面是因为这个记录会使班级行规被扣分以致班级荣誉受损,另一方面他也担心自己执勤扣自己班级的分,同学会怪他没有集体荣誉感,做事一根筋,怕影响以后执勤队长的选举,因此选择包庇同班同学。事实上,执勤队长的工作是在学校大队部老师的指导下,管理并带领全校同学规范行为,自觉遵守行为准则。一个班集体被评为行规示范班固然是非常高的荣誉,但这并不是行规考核的目的,行规考核的目的是在长期的考核的过程中使学生在规范化的学习生活中养成良好的行为习惯。情境中的执勤队长错误理解了行规考核的意义,利用自己的职务之便包庇本班队员,是做事没有原则的表现,这样做可能会给班级同学带来错误的信号,那就是轮到自己班级队员执勤就可以放松行规的要求。

2. 支招导行

执勤队长应在老师的指导下,团结带领全校同学,认真维护校纪校规,在良性竞争中促进全体队员良好行规的养成。一般情况下我们教育的方法是让学生明确执勤队长工作的意义,认识到自己工作的职责,要有顾大局识大体的胸怀,要学会处理好队长身份与同学间的关系,遇到自己班级同学违反行规,不仅要记录在案,更要在之后进行提醒帮助。比如,情境中的明明忘记戴红领巾,执勤队长可以事后向班主任汇报情况,目的当然不是让老师批评明明,而是让班主任老师了解情况,一起帮助明明,提高他自我管理的能力。

【聚焦结合点】

诚信教育对于一个人,尤其是正在成长中的小学生来说有着非常重要的意义,值勤队长带领本班同学承担的是学校的行规检查工作,这份工作饱含着大家对他的信任。行规养成教育中,及时反馈、评价起着至关重要的作用,而执勤队长却利用不恰当的方式来包庇同学,在行为上已经造成了失信。队长知道要为集体争荣誉,但不正确的行为方式又恰恰为班集体抹黑,这是学生诚信知行分离的一个很常见的问题,当发现班级利益、荣誉、友谊等被学生认为比诚信更重要时,这样的情况就发生了。对于这个学生的行为,也许有人会认为他情商很高,也不排除部分老师也会把见风使舵、会察言观色误以为好,殊不知这是以失去诚信为代价的。因此通常意义上的教育方式并不能让队长认识到自己行为的严重性,我们要通过角色互换,培养学生的同理心,创设有利于学生成长的诚信环境来引导学生分析利弊,促使学生在两难的情境中坚守诚信。

【另辟蹊径】

1. 明确岗位职责,真诚帮助同学

应从明确岗位职责方面培养执勤队长。他的担心是将自己班级同学的名字记录在案,同学会怪他,又会影响到集体的荣誉,可以结合情商培养启发该生在做到公正、诚信的前提下,处理好伙伴间的关系。方式可以是询问明明为什么没有戴红领巾,并且告诉他每天早晨不忘记戴领巾的好方法;或者可以启发队长每天身边多准备几根红领巾给需要的同学,以免他们进教室尴尬。要让执勤队长明确工作中要有原则,不能因人而异,管理工作一定要做到平等,但也不是简单地向老师汇报同学的不足,应在同学们需要帮助的时候主动伸出援助之手,这样的工作管理会更有实效。同学们都有一颗善良的心,只要是真心真意帮助过他们,他们一定会心存感激,这样,大家也会设身处地体谅队长工作的难处。

2. 开展集体辩论,分析诚信成本

古人云:"人而无信,不知其可。"教师在管理、教育、引导学生的过程中要积极主动地去透视学生中的失信行为,认真分析失信行为产生的原因以及可能带来的不良后果,进而加强诚信教育,并采取合适的方法对学生的失信行为予以适当地纠错、教育,引导学生逐步树立立身处事应以诚信为本的原则。可以利用集体舆论引导学生进行自我教育。例如,在全校作文比赛中小军班派出的代表小明得了第一名,但小军发现小明的作文是抄自一本作文大全,如果小军告诉学校,班级就没有第一名了,如果知而不报就是不诚实的人,小军该怎么办呢?假如你是小军,你该怎么办?该不该据实以报?

坚持诚信确实需要付出代价,这个代价就是"成本"。"成本小收益大"是一般人的行为取向。但是,有时眼下成本小收益大的事,长远看却是"严重透支成本",比如冠生园因为用陈馅做新月饼,导致信誉毁于一旦,最后破产。一个集体的荣誉,如果掺上一点假,那么这个集体之前建立的荣誉也会被人怀疑。

多用这样活生生的案例让学生去体会集体荣誉与诚信的冲突,看起来两难,事实是我们不能用"集体荣誉高于一切"来为不诚信的行为打掩护,这也是很多班主任自己做出的错误暗示。因此我们一定要引导学生弄清真正的集体荣誉与虚假的集体荣誉的区别,这样才能激发学生的认知冲突,通过集体的辩论达成共识,营造班集体正确的舆论导向,最终结论是让学生在诚信会有损眼前利益,不诚信则会马上得到这些好处的情况下,依然选择诚信,因为暂时的失利更是为了维护集体的荣誉,诚信是成本最低的选择。

3. 营造诚信环境,鼓励坚守诚信

集体的荣誉更需要用诚信来维护,暂时的行规失利可以通过集体的努力来重整旗鼓,但行为上的失信会造成难以弥补的损失。在班级中树立正确的是非观的同时,教师更应该营造诚信的学习环境。例如:班级小赵做值日生时,因贪图方便,把垃圾丢到了二楼的顶篷上,阿姨好不容易才捡了回来,这种污染环境的行为当然要严肃批评。当大队辅导员来到我们班询问时,小赵主动站起来承认了错误,这件事既然是发生在我们班级,行为规范上的那棵绿草显然要被种上了,但是我想惩戒班级的行规显然不是目的,因此我与大队辅导员商量能否不扣班级行规分数,大队辅导员采纳了我的意见。由于小赵选择诚信,因此在不影响班级行规的前提下,他犯的错误由他做一周的值日生加以小惩,他本人也很乐意。营造诚信环境,更有利于学生从身边事例中了解到不诚信的成本更高,也更有利于学生共同坚守诚信。

【问题情境 5】

固执己见　知错不改

小豪平时总喜欢跟同学开玩笑,偷偷地躲在暗处"偷袭"别人,这次下手过重把女同学给弄哭了,同学们纷纷指责小豪。小豪知道自己错了,但碍于面子,不仅不承认错误,还恼羞成怒,发起了脾气。

【一般思路】

1. 分析问题

人人都有自尊心,都有被人尊敬的需要,对于自尊心极强的小豪来说,让他当着大伙儿的面给女同学赔不是,他觉得很不光彩,会被别人鄙视,面子上挂不住,下不来台。况且小豪从心底里也没有意识到自己与同学的一个玩笑之失会是什么很大的过错。换言之,小豪并不明白自己哪里错了,他可能还觉得大家是有意针对他,所以面对大家的指责,他表现的行为就有些过激了。这个年龄段的学生已经有了很强的自我意识,只是他们还不能够正确地分辨在什么情况下它叫作"自尊心",什么场合它就变成了"固执"和"无礼",所以不承认错误的根本原因是小豪认识能力不足,他把行为动机与行为后果分开来了,认为自己跟同学开玩笑没有伤人的动机,所以自己不需要道歉。而诚信的品质要求一个人对自己行为的后果承担起责任,不管个人是否预见到这种后果。

2. 支招导行

孩子犯错的原因没有固定的模式,一般情况下老师想让孩子以后不再犯错,就会找出事情的来龙去脉,同学之间发生的纠纷,重点放在如何帮助孩子承认错误上,常规的教育方式可能是把小豪招来严肃地指出:"做了错事又不肯承认是错上加错!老师不喜欢这样的孩子。"并教育该生今后遇事应该怎么做,让他从错误中接受教训,为今后正确的行为打下基础。

🤝【聚焦结合点】

在班级工作中,像小豪这样性格有棱角的学生,他们共同的特点是独立意识强,不易倾听别人的意见或建议,凡事从自己的角度考虑得多,站在对方的角度考虑得少,只顾自己开心,不会换位思考。在遇到问题时,他们很易冲动,会这样想:只要我不说"对不起"我就没有错。在这些学生身上,即便教育一时起了作用也很容易发生反复。这样的学生往往让班主任感到非常头痛,处理不好也会在班级管理中产生严重的负面作用。就情商教育而言,一个高情商的人应培养同理心——理解他人的感受。孩子在与同学发生矛盾时,他没有想到自己的无心之失会造成对同学的伤害,面对大家的指责,他在情绪上有反感,用不诚信行为来消极抵抗,其实这正是该生不会控制自己的情绪,是缺乏同理心的表现。因此教师更应该帮助孩子学会关注他人,通过角色体验达到共情,进而帮助他学习控制自己的情绪。

🔍【另辟蹊径】

1. 关注情绪:倾听、排解、疏导

夸美纽斯指出:应当像尊敬上帝一样尊敬孩子。孩子是具有独立人格的人,是自我发展的主体。我们从马斯洛的需要层次理论也可以领悟到这样一点:学生的自尊心如果在某种程度上受到挑战,得不到所期望的尊重,就有可能表现出不诚信的言行。遇到以上情境,教师应该首先安抚孩子,稳定其情绪,其次接受他的情绪,倾听他的想法,对他不是故意开玩笑的行为,表示理解。等他情绪平复,再教育孩子,当他做了让别人失望或者难受的事情时,道歉可以使对方舒服,并且有利于解决问题,让学生试着体会"换位—共情"的道理。

2. 情绪体验,培养同理心

小豪是个爱开玩笑的孩子,这样的孩子可能并不能把握好玩笑的尺度,过激的行为往往是因为孩子总是以自我为中心,更应该教会他换位思考问题。我们设计的教育活动可以让小豪亲身体验自己被人开了不当玩笑后难受的心情,运用这种特殊的心理煎熬,使小豪认识到自己之前恶意玩笑后不肯认错的行为是不对的,并且愿意主动改正。

具体实施过程设想如下:某天活动课上,大家一起开心地玩贴大饼的游戏。突然,班长小刘跑过来告诉小豪老师请他去办公室,当他奔向办公室,发现老师不在,他在办公室一直等到活动课下课,才得知老师并没有叫他,是小刘和他开了个玩笑。小豪生气极了,找班长理论,为何开这种玩笑,害得他浪费了一节活动课的时间,班长"理直气壮"地说:"我只是和你开个玩笑罢了,何必当真,你不是最爱和别人开玩笑吗?这点玩笑就受不得了?"于是,老师借机让全班同学讨论,如何把握好开玩笑的分寸?……(同学们可以当场进行讨论交流。)最后,老师才揭穿秘密,原来这是老师和同学共同策划的情景体验,请小豪谈谈自己的体会。这样的情境设计可以给孩子一个参与解决问题的机会。"你来感受一下那个被你打疼的女孩会怎么想呢?""你觉得应该想什么办法来弥补你自己的无心之失呢?"在与小豪的交流互动中,让孩子想想他人的感受,实则教他换位思考,也就是把自己看作对方,就会意识到被自己伤害到的同学确实受到了委屈,如此换位思考后,孩子就会自然而然用积极的态度予以响应。这样的教育方式是师生通过共通交流加以强化,其中包括集体的监督和学生自我教育后的认知。总之,我们要以真挚而深厚的"爱"为情感的基础,同时严格要求,激发起学生坚持诚信行为的自觉性。

六　互助合作乐奉献

控江二村小学　赵　霞

📖【问题情境1】

铭铭助人　还加责备

　　铭铭是个热心的孩子,特别愿意帮老师做这做那。有一次,铭铭带了很多新本子借给忘带的小朋友。借给别人时,他那句"就是为你们这些没头脑的小朋友准备的"惹恼了问他借本子的同学。第二天铭铭还不依不饶地盯着别人还本子。原本是件好事,如今反而平添了好多怨言,铭铭也弄不清是怎么回事。

✏️【一般思路】

　　1. 探寻行为背后的真正动机

　　动机是激励和维持人的行动,并使行动导向某一目标,以满足个体某种需要的内部动因。就"带本子借给小朋友这件事"深入分析铭铭的行为动机,我们发现,铭铭借给同学新本子的行为看似符合"互助合作"的规范,但是他的动机并不是为了帮助他人,而是为了自我表现,得到表扬。

　　铭铭的父母都是高级知识分子,对孩子的期望值很高,要求也很严格,特别注重孩子在学校的表现,经常采用奖励的手段强化孩子的表现。然而一味地奖励让孩子开始追求表面的东西,忽略了行为的动机。父母教的是技巧,而不是内在的动因。铭铭在学校表面上能自觉遵守各项规章制度,其实许多事情的内在动机并不符合行规要求,于是造成了他行为上的偏差,与同学之间相处得不和谐。久而久之，铭铭只想做一些能得到父母以及老师表扬的事情，却很少考虑同学的感受，造成人际关系不和谐的现状。

2. 帮助学生懂得"助人为乐"的含义

（1）利用主题教育课的形式对学生展开教育。"热心"的铭铭之所以在帮助同学后得不到别人的感谢，更感受不到快乐，是因为他没有理解什么是真正的"帮助"别人。可以利用主题教育课的形式，向孩子们讲述《雷锋的故事》。雷锋叔叔经常利用各种各样的机会帮助有困难的战友，帮助许多陌生的朋友，特别是帮助许多孩子和老年人，可他每次帮助别人都不愿意留下名字，甚至于还把自己帮助别人所做的好事记到别的同志身上。他的一生真正做到了他在日记中所说的"把有限的生命投入无限的为人民服务中去"。学生在接受教育的同时感受到，在生活中我们需要雷锋精神，只有我们自己发扬助人为乐的精神，与人为善，才能得到别人的帮助和尊敬，才能感受到真正的快乐和幸福。

（2）开展讨论，让学生领悟"助人为乐"的含义。关注学生的体验，组织学生展开讨论，让孩子们思考"为什么被雷锋叔叔帮助过的人都会发自内心地感谢他？"让学生领悟到帮助别人并不是为了得到表扬，而是真正地关心体贴他人，在他人急需的时候，主动热情地给予帮助和照顾，急人之急，帮人之苦，忧人之忧，救人之危，在别人得到帮助的同时自己也从中得到快乐，这是一种高尚行为。

【聚焦结合点】

铭铭借本子给同学，却平添了许多怨言。我们先从铭铭的行为表现探寻他帮助同学的真实动机。根据心理学原理，"需要"产生"动机"，"动机"产生"行为"。一种动机的背后可能有多种需要，一种行为背后也可能隐藏着多种动机。分析一个人行为背后的动机，就要看这种行为的结果满足了他的什么需要。就铭铭带本子借给同学这一事例来看，铭铭带了很多新本子借给忘带的小朋友，可是第二天又立刻盯着同学还本子，可见他并非是对同学缺本子的困境产生了同情，并非是为了帮助同学。那么,他又为什么要借本子给同学呢?原来铭铭把本子借给同学后,可以获得妈妈的赞扬。因此可以推断,铭铭借本子给同学的行为,是源于得到表扬的心理需求。所以,铭铭借本子给同学的行为虽是符合行为规范的,但是行为背后的动机却值得深思。教育的关键是帮助铭铭生发助人为乐的正确动机。

产生动机的基础是"需要",先激发正确的需要,才可能在此基础上激发正确的动机。而"需要"是感性的,是在人的自然欲望和感性体验的基础上产生的。所以要帮助铭铭树立正确的动机,光靠说理是不行的。如何通过感性体验的手段激发"需要",正是情商培养的内在要求。

【另辟蹊径】

在铭铭帮助过同学之后,老师要及时公开表扬他的助人行为,同时,私下里指出他不合适的言行,比如指责同学没头脑,不依不饶地盯着同学还本子。渐渐地,这样做会引起同学的反感。

请被铭铭帮助过的同学写写心理体验,反馈给铭铭,让他明白自己的做法让别人不高兴的原因;同时引导铭铭在帮助同学的过程中,体察同学被帮助前后的心情,写写助人日记。

孩子从小就与父母朝夕相处,父母对孩子的教育影响,时间最长也最深刻。父母要真正了解孩子,就要在碰到问题的时候,学会透过现象看本质,了解孩子到底在想些什么,以及为什么这样做。适当的奖励是必不可少的,但如果只是一味表扬、赏识孩子,没有惩罚,那这种教育是不完整的。当孩子动机正确,行为合乎规范的时候,家长应该予以表扬。如果孩子由动机不纯而出错,父母也决不能姑息迁就,而应予以批评责罚。例如上文中当妈妈得知铭铭要买本子借给小朋友时,不应该就孩子表面的行为大加赞扬,而应该追问其这样做的原因,了解铭铭的真实动机后再因势利导。当铭铭的真正动机是帮助别人时,也就不会出现上文中的不愉快现象了。像铭铭这种情况,家长可以取消物质奖励的手段,而在铭铭帮助同学后表现出愉悦的情绪,并引导铭铭谈谈心理体验就可以了,让铭铭渐渐发现,帮助他人本身就可以使自己获得快乐。

【问题情境2】

小组学习　个人独秀

维维特别爱看书,知识面很广,天文地理他都能说上几句。可这样一个"小才子",却没人愿意和他在一个学习小组。因为维维每次讨论都是滔滔不绝,竭力陈述自己的观点,不愿意倾听别人的意见,以致每次讨论都不欢而散。小组讨论变成了他一个人的表演秀。维维和同学的关系也越来越差。

【一般思路】

1. 多鼓励,乐于"听"

学有所得是最足以促使学生后续加倍努力的一种动力。所以,在"听"的培养中,老师可以经常把赞扬挂在嘴边,"你听得最认真,这可是尊重别人的表现呀!""你把他的优点学来了,说明你很会听啊!""这么一点小小的缺点都被你找出来了,你的听力可真不错!""你听出了他的不足,可真帮了他的大忙!"让学生品尝到成功的喜悦,获得成功的满足感。

2. 训练学生学会"四听"

一是专心听(看)同学的发言,眼睛注视对方,不插嘴;二是努力听懂别人的发言,边听边想,记住要点;三是听后自己认真思考,判断别人发言是否正确,有没有道理;四是发现问题时,不要急于打断别人的发言,要耐心听别人讲完后再提出质疑,发表自己的见解。

【聚焦结合点】

皮亚杰用"自我中心"这一术语来指明儿童不能区别自己的观点和别人的观点,不能区别自己的活动和对象的变化,把一切都看作与自己有关,是自己的一部分。儿童的发展从"自我中心"阶段,逐步发展到"去中心"阶段,需要相当长的时间和积极的引导。当下他们往往只能从自己的角度认识世界,逐步成熟后才开始考虑他人的观点。

维维思维敏捷,知识面广,懂得的东西多于其他同学,所以在小组讨论时,维维总是竭力陈述自己的观点,希望得到别人的认可。在陈述自己观点的时候,由于他缺乏理解别人情绪的能力,在这个过程中全然不顾同伴的情绪,没有留给其他同学发言的机会,也不愿意去倾听别人的意见,造成别人的不快,所以导致同学之间的关系越来越差。

【另辟蹊径】

1. 寻找同伴的长处

像维维这样的孩子,性格张扬,聪明活泼,但又过于自信,有着很强的优越感,以自我为中心,总觉得别人在各个方面都不如自己。对于这样的孩子,班主任可以寻找契机,试着让他"灭自己威风,长他人志气",让他用自己的弱项与其他同学的强项比。认识到自我的不足可以使他性格上有所收敛,不再肆意张扬,也能尝试着取长补短,完善自我,同时改善与同学的关系。

2. 合作学习,布置任务

维维这样的学生思维快,观点新,喜欢自己发表观点又不爱听取别人的意见,可以在小组合作学习时,向他布置特别的任务。例如可以任命他担任"讨论组小组长"一角,要求他总结全组同学的意见,并作为本组代言人向全班展示学习成果,做最后的发言。孩子一旦被委以"重任",会有一种认同感和存在感,他们会积极完成任务,期望得到表扬。维维接受的这项任务,要求他必须认真听取别人的观点,才能做总结性发言,弥补了维维讨论问题时不喜欢倾听别人意见的缺陷,培养了他倾听的能力及合作的能力。为了避免维维以自己的观点代替全组的观点,可以同时任命正副组长,看谁把小组的观点概括得更全面。

3. 创设机会,换位思考

根据皮亚杰的"自我中心"这一理论,我们可以从儿童的角度出发,教会孩子换位思考。比如限定维维在小组合作中只能听别人交流,自己不能发表观点,让他设身处地地体会同伴的心情,这样,维维才有可能明白同学不愿理睬他的原因。找到原因后,班主任再晓之以理,导之以情,会取得事半功倍的效果。换位思考,可以让学生在交往过程中,彼此抱着心诚意善的动机和态度,相互理解、接纳、信任,才能在感情上引起共鸣,使交往关系得到巩固和发展。

【问题情境3】

讨论方案　争论不休

一年一度的"元旦游园会"又到来了。班主任老师让各小队提交一份活动方案,小队长玲玲组织大家一同策划。小队成员纷纷献计献策,都觉得自己的方案是最好的,争论不休,好不容易定下了活动内容。着手安排活动分工时,队长玲玲又焦头烂额了:有的任务大家争抢,有的任务无人问津……吵了一下午,大家不欢而散。面对无法完成的活动方案,玲玲一筹莫展。

【一般思路】

1. 召开主题教育课让学生明白合作的重要性

让学生收集"团结力量大"的故事,召开相关的主题教育课,让学生感受到"我"是集体的一分子,使学生明白团结合作力量大,在日常的生活、学习中我们应该多为别人着想,发扬团结合作的精神。培养学生的集体荣誉感,增强团队凝聚力。树立集体意识,让学生懂得在集体活动中奉献自己的力量,学会团结友爱、互助谦让,这样才能更好地维护集体的荣誉,办好事情。

2. 培养小干部的组织协调能力

组织协调能力是指根据工作任务,对资源进行分配,同时控制、协调活动过程,使之相互融合,从而提高实现目标的能力。玲玲作为本组的小队长,担负着组织全组队员有效开展讨论并总结会议结果、合理分工的重任。如果玲玲的工作能力强,那么这次关于"游园会"的讨论过程就会非常顺利。可见,小干部的工作能力直接关系着活动是否能够顺利开展,提高小干部的组织协调能力是教师的重要任务之一。教师可以定期组织小干部学习,交流工作经验,并且传授方法,提高小干部的工作能力,协助老师顺利完成任务。

【聚焦结合点】

所谓团队精神,简单来说就是大局意识、协作精神和服务精神的集中体现。团队的基础是尊重个人的兴趣和意见,核心是协同合作,最高境界是全体成员的向心力、凝聚力,反映的是个体利益和整体利益的统一,进而保证组织的高效率运转。团队精神的形成中,"大局意识"是与适度的"自我牺牲精神"相辅相成的,要服从大局,就要适度地约束自己,适度地放弃个人利益,这样才能保证团队成员在为共同完成任务目标而明确协作意愿和协作方式后,产生真正的内心动力。上述情境中玲玲所在的小队无法完成活动方案,很大的原因是因为队员"大局"意识淡薄,缺少"团队精神"。

【另辟蹊径】

1. 明确目标,合理分工,有序合作

明确小组合作讨论的目标,合理分工,责任明确是小组合作的关键。在小组合作过程中,应使小组的每个成员都明白各自应承担的角色,掌握各自所承担的任务,使得合作能够有序地进行。本次小组讨论的是关于"元旦游园会"的活动方案,在讨论前,应该利用周会课等时机,向全班同学讲明本次活动的目的、要求,让队员们在讨论时能够有的放矢,目标明确,避免漫无边际,缺少重点的讨论。在分配任务时,让学生根据各自的能力、特长选择任务,这样在完成任务时就能得心应手,合作过程也能有序进行。

2. 培养团队意识

小队成员团结友爱，民主平等，就会便于合作的充分开展。培养小队成员的团队意识和合作技能，是小组合作活动顺利开展的保证。这次的"元旦游园会"就是一个培养学生团队意识和合作技能的好机会，让学生依靠集体的力量完成本次任务，让他们深切地体会到集体的力量才是最大的。

3. 指导学生掌握合作技巧

一个团队要合作成功，不仅需要其成员具有合作意识，还需要掌握一些合作技巧，特别需要提升团队的群体情商。在讨论方案的时候，让小队成员在阐述自己的方案后，还要评价其他成员方案的优点。一个群体的情商水平取决于核心成员的情商高低。情商是有感染作用的，玲玲作为小队长，可以指导她主动承担困难的任务，并事先联系小队里的积极分子，呼应小队长的做法。在核心成员的带动下，可以提高群体的情商水平。

【问题情境4】

调皮同桌　不愿接受

新学期，班主任根据小朋友的身高调整了座位，中队长元元不巧与"皮大王"亮亮同桌。元元一百个不满意，开学才两天就提出要更换同桌，理由是：自己的学习受到严重影响。

【一般思路】

1. 教会方法，实现共同提高

在做通元元的思想工作的同时，还要对她进行必要的指导，让她学会帮助同学的方法：一是做好同桌的榜样，在学习、行规方面起到示范作用，以自身的人格魅力影响同桌；二是为同桌制订合适的帮扶方案，如制作行规记录表，约束他的上课违纪行为，提高听课效率。元元如在学习上主动关心帮助亮亮，在帮助亮亮的同时自己也能梳理知识点，获得双赢的结果。

2. 营造气氛,增强凝聚力

抓住良好时机进行教育,利用集体活动,培养学生为他人着想的习惯。开展有意义的主题班会,对提高学生的思想认识也能起到很好的作用,教育学生对有困难的同学伸出援助之手。班级同学相互促进,取人之长,补己之短,可以使班级的凝聚力更强。例如亮亮虽然在行规上不尽人意,但是也有自己的长处,元元也能从亮亮身上学到很多东西,这样形成互助的氛围,有利于同学之间团结友爱,共同进步。

【聚焦结合点】

艾利斯的 ABC 理论的三个要件——A、B、C 分别代表诱发事件、主观认知和反应结果,这三个要件构成一个简单顺畅的逻辑链条。心理学中 ABC 理论认为"事件只是引发情绪和行为后果的间接原因,而引起事件的直接原因则是对事件的认知和评价而产生的不合理的信念"。元元之所以不愿意和"皮大王"做同桌,是因为有不合理的想法:担心随时会受到影响;同桌调皮是无法改变的;逃避责任比承担责任容易。

【另辟蹊径】

1. 理解顾虑,接受负面情绪

理解孩子的顾虑,接受孩子的负面情绪,这是教育的基础。学生在学习生活中遇到不开心的事产生负面情绪是很正常的现象。学生一旦有了负面情绪,最需要老师接纳和尊重他的感受。元元不巧与"皮大王"成为同桌,担心自己的成绩受影响,产生负面情绪是可以理解的。作为老师,我们可以站在元元的角度去分析她的行为,倾听她的讲述,接纳她的情绪,而不是随意批评和忠告。当孩子的负面情绪被接纳和理解了,她反而更能听取我们在"行为"上给她的建议,摆脱负面情绪的困扰,变得积极乐观。

2. 委以重任，提升自我价值

在听取中队长元元的诉求后，可以在晓之以理的基础上委以重任，也就是我们平时所说的"戴高帽子"，先表扬元元自己是个各方面都表现优秀的孩子，经得起考验，所以才能胜任帮助同学的重任，相信亮亮在她的帮助下一定会有所进步。这样一来，让元元在此过程中感受到自身的价值，感受到自己的主动性地位，是不可缺少的角色，从而增强她的责任感，引导她主动并乐于帮助同学。

3. 多元评价，全面衡量学生

建议教师不要用单一的标准评价孩子。对待亮亮这样的学生，教师可以采用多元评价，充分发掘亮亮的优点和长处，将亮亮的优势与元元的弱势形成互补，使他们成为互帮互助的好朋友。这样一来，既可以维护亮亮的自尊，提升他的自信，又可以让元元在"助人"和"受助"的交互体验中，全面客观地看待自己和评价他人。

【问题情境5】

为保友谊　充当"好人"

小蔡同学自从担任了班干部以后，时常要协助老师管理班级，尤其要对同学不遵守纪律的行为加以劝阻、制止。他担心良好的伙伴关系会受到影响，思虑再三，决定对班级的纪律问题睁一只眼闭一只眼，做起了"老好人"。

【一般思路】

1. 正确理解班干部的意义

班干部的位置特殊，既是管理者，又是被管理者。这样的双重身份会使小干部在开展工作的过程中出现两难的问题，这就要求班干部须处理好工作中原则性和灵活性的关系。要做到既让老师放心又让同学满意确实不易，这不仅要求小干部在工作中按客观公正的原则秉公办事，用原则规范约束自己的工作，检验工作成果，还必须在坚持原则的前提下，创造地、灵活地、机动地处理突发事件，真正收到管理实效。例如,不涉及原则性的问题时可以自行解决,如果涉及原则性问题,可以试着取得同学们的理解并告诉老师,寻得帮助。在同学们的支持下开展工作,既不会影响同学关系,又能妥善处理问题。在实际工作中锻炼能力,在处理好各种关系中锻炼能力,既能帮助班干部不断提高自身素质,也能帮助其在同学中树立威信,真正用自己的切实行动赢得教师和同学的认可与肯定。

2. 培养干部的服务精神

班干部应在班主任老师的指导下,团结带领全班同学认真贯彻执行学校布置的各种活动,维护校纪校规,倡导良好的班风学风,维护同学和老师、学校的关系,促进同学们的全面发展。正确定义班干部,就是让他们明确班干部具体是一种怎样的角色,在荣誉背后更多的是一份责任。班干部选拔出来后,班主任首先要教育他们有严于律己、宽以待人的思想,有顾大局识大体的胸怀,有乐于吃苦、甘于奉献的精神;要明确处理好学业与工作、干部与同学之间的关系;要明确担任班干部工作对今后成才的作用,使之有强烈的责任感与幸福感,从而激发他们参与班级管理的强烈欲望。

【聚焦结合点】

班干部是班主任的得力助手,协助老师策划班级活动,参与班级管理。很多人缘很好的孩子在担任了一段时间的干部后,担心人气下降,这就涉及小干部的情商培养。从个案研究中,我们发现小干部的情商培养主要靠学校教育。小干部的情商高低,直接影响小干部的工作能力和他在同伴中的威信。

小蔡不理解担任班干部的意义,简单地把小干部当作一种荣誉,忽略了班干部的责任和意义。他担任班干部不是为了协助老师开展工作,带领同学共同进步,而是享受担任干部为自己带来的优越感,当"老好人"就是因为怕失去班干部的位置和这种优越感。

小蔡以为做"老好人",不得罪人,就能营造良好的同学关系,获得同学的喜爱。其实这是一种误区。小蔡作为班干部,明知有些事情做得不对,但是因为怕得罪同学,不敢坚持原则,采取听而不闻、视而不见的态度。长此以往,这种班干部就会失去同学们的支持,甚至会遭到同学们的嘲笑和轻视,反而不利于同学之间友谊的建立。

"老好人"不等于情商高。"老好人"是一种一味"取悦他人"的不良心理在作怪。取悦他人的目的是维护自己的利益,比如希望在选举中获得更多的选票,但其最终结果却是因为放弃了原则而导致失职。

【另辟蹊径】

1. 明确好干部的标准

人们对"老好人"的情感是一种私人情感,即你不得罪我,我就和你好,这是一种生而有之的普遍的自然情感。人们对公正者的情感则是一种社会情感,即公正执法维护了所有成员的根本利益,哪怕得罪了我,我也服气。这种情感是一种由理智支撑的情感,是需要后天培养的。教师可以通过讲故事、情景表演等,让学生评价,怎样的干部才是真正的好干部。在理智与情感结合的层面上,提升同学们对于公正执法的好干部的积极情感。

2. 增设干部评选标准

在干部评选时,把"公正无私,坚持原则"放入评选标准,并加大权重,让小干部在工作中有意识地将这条原则作为工作的准则之一。另外,采用"干部轮流制"也是避免小干部沦为"老好人"的方法之一。学生不再简单地把干部当作一种荣誉,可以设身处地地感受小干部在工作中遇到的问题,同时也可以锻炼学生的能力。

七　孝亲尊师知感恩

杭州路第一小学　陈伟英

【问题情境1】

父母生日　知者甚少

班会课上聊到生日话题,小朋友们纷纷介绍起家人是如何给自己庆祝生日的。老师询问:"有谁知道爸爸妈妈的生日?"教室里一下子安静了下来,除了个别小朋友能够说出父母的生日,大部分同学都直摇头。

【一般思路】

1. 分析成因

(1) 家人的厚爱,强化了孩子的"自我中心"意识。现在的绝大多数家庭中都只有一个孩子,孩子在家里处于"中心"地位,家里的大人几乎都是围绕着孩子"转",年年都张罗着给孩子过生日的不在少数。并且每逢孩子生日,亲朋好友们更是忙着送上各式各样的生日礼物,让孩子们爱不释手。久而久之,孩子们就会对自己的生日越来越重视,越来越期待。殊不知,正因为家长们的这份厚爱,使得孩子们"以自我为中心"的偏差心理被强化了。他们理所当然地认为自己就是全家人关注的重点,聊到生日话题,首先想到的自然也是自己。

(2) 无私的爱,让孩子失去了学习爱的机会。"谁言寸草心,报得三春晖?"孩子是在爱中成长,在爱中学会爱的。但是,如果父母们对孩子只是一味地奉献、一味地关爱,而不让孩子了解父母所做的一切,不了解父母内心的真实感受,那么孩子也就很难懂得感恩了。①那些孩子之所以不知道父母的生日,难道仅仅是因为他们不关心父母吗?是不是父母们也从未向孩子们提起过自己的生日呢?很多时候,父母们过于重视自己对孩子的爱而忽略了怎样让孩子明白父母的爱,回应父母的爱。无私的父爱母爱,有时却在不经意间让孩子们失去了学习爱父母的机会。

2. 支招导行

(1) 实践体验,感恩母亲。我们都知道母亲怀胎十月,孕育生命是十分辛劳的,但孩子们对此却一无所知,毫无体会。因此,教师可以在班中开展一日体验活动,让孩子们将装满东西的书包背在前胸,做一回准妈妈。并且在这一天的学习生活中,无论到哪儿,无论做什么事,都不能将书包放下。如此一来,学生们很快就能体会到大腹便便给自己带来的诸多不便,感受到妈妈怀孕时的不易。当学生们有了亲身体验以后,教师还可以进一步引导学生回家向父母了解妈妈怀孕期间的变化或发生的小故事,从而激发起他们对母亲的感恩之情。

(2) 主题活动,体会亲恩。孩子只有了解到父母的艰辛付出,心存感恩,才会常怀孝心,常见孝行。教师还可以结合《品德与社会》教材中的《成长的脚印》《爸爸妈妈的手》等内容,围绕"父母爱知多少"这一主题开展系列活动。如让学生和家长一起翻看成长的照片,回忆成长道路上父母关爱自己的点点滴滴;记录父母一天的生活,感受他们家里、单位两头忙的辛劳;读一读父母写给自己的信,体会那跃然纸上的殷殷期望、浓浓亲情……从而使学生心被恩感。

(3) 任务引领,回报父母。既然学生从实际生活中体会到了父母的关爱,那就要让他们再回归到现实生活中,从点滴小事做起,实践感恩,回报父母的爱。教师可以设计一张调查表,帮助学生了解父母的生日、口味、喜好、心愿、工作、身体状况等,引导学生时时关心父母

---

① 张然.情商:改变孩子一生的能量书[M].北京:中国商业出版社,2013:8.

的所需。此外，教师也可以用每天一个小任务的形式，引导学生说出自己的爱，实践自己的爱：对父母说句贴心话；给父母一个大大的拥抱；做一件让父母高兴的事；当一天的小当家……

（4）父母示弱，创造机会。作为父母，也可以为孩子创造一些爱的机会。有时父母工作一天身体疲惫了，就可以告诉孩子自己很累，请孩子帮忙叠衣服、淘淘米；抑或是身体不适时，请孩子帮忙倒杯水、拿下药……让孩子感受到父母也需要自己的关爱，体验被人需要的愉悦。

【聚焦结合点】

目前，在进行感恩父母的教育时，大部分班主任老师都能注意避免单纯地说教，而是创设情境，运用一些诸如"模仿妈妈怀孕"等体验式教育手段来激发孩子们的情感。美中不足的是，在实际的教育过程中"激情"与"导行"往往看似相融，而实则相离，常会出现因"重视情感"而"疏于导行"的现象，即使有时重视了"导行"，但在导行环节上也只是浅尝辄止，没有注重"持之以恒"的意志培养。因此，行规与情商的结合点就在于既要激发学生感恩父母的情感，更要引导学生长期地、主动地关爱父母，要知道在"导行"方面培养持久力也是情商教育的重要内容。

【另辟蹊径】

现在的中国式家庭往往都是以孩子为中心，以至于父母们渐渐地忽视了彼此。同时，东方人的内敛也使得父母们很少会在孩子们面前表达自己对另一半的爱。这也导致了孩子们变得"唯我独尊"，不会主动地去关爱父母。因此，对孩子们进行感恩父母的教育可以从家长入手，首先改变家长的观念，让家长们能大声说出自己的爱，表达自己的爱，发挥言传身教的力量，从而让孩子体会爱、学会爱。

我曾经就组织家长们开展过"以爱育爱"的主题沙龙活动。在活动中，我先让家长们围绕"你觉得自己的孩子有没有感恩父母的意识？具体表现在哪里？"这两个问题进行交流；然后再请家长们回顾自己在日常生活中有没有在孩子面前表达过对另一半的关爱和重视，并思考"父母对待彼此的态度与孩子感恩父母的意识及行为是否相关？"这个问题。通过深入地交流与讨论，家长们都意识到自己的行为直接影响着孩子的行为，只有以爱育爱，才能让孩子在潜移默化中真正学会关爱父母，并能持之以恒。

与家长们达成共识以后，我就给家长们布置了一些小任务：① 爸爸妈妈相互帮助之后要跟对方说声"谢谢"；② 告诉孩子爸爸或妈妈的生日，并和孩子一起策划，给对方一个惊喜；③ 带孩子外出游玩时看到另一半喜欢的东西能留心买回家，并告诉孩子这是爸爸或妈妈爱吃的、喜欢的……并请他们关注孩子的变化，及时反馈给我。

过了一段时间，家长们都欣喜地告诉我，在自己的影响下孩子真的发生了改变：对于父母提供的帮助，他们会主动地表达感谢了；有好吃的东西时会先让爸爸、妈妈尝一尝，然后自己再吃；吃饭时会主动地给父母夹菜了；遇到父母生日或父亲节、母亲节时，会悄悄地做张贺卡作为礼物；外出购物时不再单顾自己，会去货架上挑选父母喜爱的东西了……

父母间的彼此关爱不仅让孩子获得了温暖、幸福的情感体验，也影响、改变着他们的行为模式。而孩子行为模式的改变，又令父母感到欣慰与快乐。这种欣慰与快乐会传递给孩子，让他们获得愉悦的情感体验。如此循环往复，"感恩父母"的行为就将永远在路上。

【问题情境2】

一心贪玩　忽略亲情

小林一家三口，幸福又温馨。他们有个传统习惯，那就是每两周回奶奶家一次。每次奶奶都会烧上一大桌菜，还会唠唠叨叨说上一大堆。小林觉得奶奶家没有网络，不能玩游戏，再加上奶奶的唠叨，他越来越不想去奶奶家了，每次都会找理由拒绝。

【一般思路】

1. 分析成因

因为小林一家没有与老人住在一起,是典型的三口之家,所以每两周回奶奶家探望一次成了他们一家的传统习惯。也正因为不住在一起,奶奶对小林来说可能就是一个熟悉的陌生人。可以想象得出,奶奶和小林的交流基本就是奶奶反复叮嘱小林要好好学习,多吃一点,而小林则是有口无心地答应着。由于没有朝夕相处,彼此间缺乏足够的了解,祖孙间的亲情也会被冲淡许多。因此,奶奶那爱的叮嘱,在小林眼中就成了恼人的唠叨,两周一次的探望之旅也不过是件习惯成自然的事。如此一来,当自己的"爱好"与探望奶奶一事发生矛盾时,他自然会偏向前者了。

2. 支招导行

(1) 寻根溯源头,老人是一宝。现在许多学生或像小林这样因为不与祖辈住在一起而与祖辈比较生疏,或是在成长的过程中已经逐渐模糊了幼年时的记忆,而淡忘了祖辈们对自己的付出。他们更不了解祖辈们曾经对家庭、对社会做出的贡献。所以,老师可以有意识地布置一些有关"我的祖辈"的主题作业,让学生们回家去了解一下祖辈们以前的工作及特长,翻看父母儿时的照片和自己婴幼儿时的照片,和祖辈们一起回忆一个个甜蜜的瞬间。然后,再请学生对了解的内容进行整理,并在班中围绕"我的祖辈"这一主题,从祖辈的工作、特长,对子女的培养和对自己的关爱等方面展开交流。让学生们在交流讲述的过程中,不仅对祖辈们产生敬仰之情,更体会到他们对家庭、对儿女、对孙辈的付出,感受亲情的温暖与可贵。此外,教师还可以开展一些老少同乐的主题活动,让学生在活动中领悟"家有一老如有一宝"。

(2) 巧借重阳佳节,播下敬老种子。众所周知,重阳节又称敬老节。它充分体现了全社会对老年人的尊敬和关爱。因此,身为教师的我们也可以充分利用这个节日开展多种形式的教育活动,在学生们的心中播下敬老爱老的种子。

例如在重阳节里,老师可以先让学生们去了解节日的来历,探究它又被称为敬老节、老人节的缘由,让他们感受到全社会对老人的关爱。而后,再让学生们找找、演演古今中外"孝亲敬老"的小故事,提升他们的情感体验。同时,也可以让学生们对照自己平时的言行,谈谈体会,找找差距,引发思考。

(3)提出敬老倡议,指导爱老行动。通过一系列的活动,学生们的爱老、敬老之情被充分调动了起来。这时,老师就可以和学生们一起展开讨论,提出具体的倡议,引导他们将孝亲敬老之情化为爱老敬老之举。例如:(与老人居住在一起的)每天为老人捶捶背,陪老人聊聊天;和爸爸妈妈一起为老人梳一次头;陪老人逛逛超市或公园……(不与老人居住在一起的)每周去探望一次老人,陪老人说说话,聊聊自己学习、生活中的趣事;帮老人整理整理房间;经常打电话问候老人……

【聚焦结合点】

在以往教育学生感恩祖辈的过程中,老师们通常会想尽各种办法去引导学生为老人服务,从而学会关爱长辈。但是,这样的教育效果却往往不能长久。究其原因,就是在行为引导的背后缺乏了情感的支撑,从而导致习惯虽成自然,情却未在心间。

因此,行规与情商的结合点就在于如何不断强化学生们与祖辈之间的情感交流,让亲情真正成为维系学生与老人间的纽带,使"爱老敬老"化为学生的自觉行为。

【另辟蹊径】

1. 家庭引导,父母先行

人们常说父母是孩子的第一任老师。孝顺的父母才会培养出孝顺的儿女来。因此,上文中小林的父母首先要反思一下自己平时的言行,是否自己在无意之中也将两周一次的探望只当成了一个习惯,到老人那里去报个到,吃个饭就走人了呢?还是嘘寒问暖,帮忙一起张罗饭菜?其次,在去探望老人的路上,父母可以让小林为奶奶挑选水果、点心等礼物,帮助他了解奶奶的喜好。此外,小林的父母也可以把两周一次的探望变成陪老人一起外出游玩,或接老人来自己家里做客等形式,使小林在潜移默化中感悟亲情。

2. 巧心设计,打破习惯

(1)布置小任务,祖孙情渐浓。我们都知道祖孙之间年龄跨度很大,极易产生代沟,加之如果不居住在一起的话,彼此更可能成为熟悉的陌生人。所以,身为班主任的我们可以花些心思,有的放矢地给学生布置一些小任务,让学生在完成任务的过程中走近祖辈,了解祖辈,拉近祖孙间的距离,加深彼此间的感情。

比如,一周两个电话,交流促了解。可以要求学生每周给祖辈打两个电话,介绍自己的生活情况、学习情况,最近在参加的活动、阅读的书籍或观看的节目,了解祖辈的身体情况、生活习惯等,并做好记录,定期在班中交流。

再比如,带着任务去探望,互教互学乐趣多。在日常的生活中,我们经常会看到这样的景况:祖辈喜欢看的、感兴趣的,孙辈们却毫无兴趣,而对于孙辈们玩得得心应手的高科技产品,祖辈们也往往一窍不通。这样,就会造成祖孙间的共同语言越来越少,从而导致情感交流的缺乏与障碍。但是,如果能让祖孙俩一块儿玩起来、动起来,培养起共同的兴趣爱好,就能拉近彼此的距离,让彼此间有说不完的话,其乐融融。因此,班主任还可以让学生们带着任务去探望祖辈。例如,每两周跟祖辈学习一个本领,可以是祖辈们儿时玩过的游戏,如滚铁环、抽陀螺、造房子等,也可以是一项生活技能,如包馄饨、包粽子等。同时,作为交换,学生们也要教祖辈们使用电子产品,如用手机发短信、聊微信,玩小游戏等。此外,在植树节时,还可以请学生们和家中的老人一起种下一朵小花、栽下一棵小苗,让他们共同呵护其茁壮成长。久而久之,祖孙俩的话越来越多,祖孙俩的心越贴越近,祖孙间的情越来越浓,陪伴老人也就不再是件枯燥乏味的事了。

（2）抓住契机，开展有效的主题活动。当然，我们也可以抓住教育契机，在主题活动中增进祖孙间的交流与互动。例如在庆祝建党95周年的日子里，我就开展了"老少同乐游申城"的主题活动，让学生在向家中祖辈学说上海话、了解上海相关知识的同时增进感情，体验老少同乐的愉悦，并引导他们在日常生活中能以实际行动来关心祖辈、孝敬祖辈。特别是在"拜师学艺增才干"这一活动环节中，学生们对祖辈的钦佩之情更是油然而生。因为钦佩，所以关注，所以关心。于是，他们在设计申城游览攻略时就自然而然地想到了同行的祖辈们，能根据老人们的身体特点选择相应的路线与景点。此时，我还"趁热打铁"，继续让学生讨论怎样做才是真正的孝敬，使学生们明白孝敬要落在实处，体现在生活的点点滴滴中。活动结束后，我还让学生们在双休日里根据所设计的"申城游览攻略"和自己的爷爷、奶奶、外公、外婆共游半天上海，获得了家长们的一致好评。

3. 学做义工，开展助老活动

最后，我们还可以通过雏鹰假日小队这个载体，让孩子们走进社区、敬老院，成为尊老助老的小义工，从而引导他们主动关心祖辈，乐意为祖辈服务。

【问题情境3】

节日贺礼　互相攀比

马上要过教师节了，该送什么礼物给老师呢？小朋友们争相讨论，互相攀比："我给老师准备了护手霜！""我和爸爸妈妈准备了贺卡，写了祝福的话，还买了巧克力。""这些算什么，我准备送老师进口化妆品，让她每天都美美的。"

【一般思路】

1. 分析成因

（1）送礼表爱意，源于不懂爱。在我们中国人的传统观念中过年过节总要礼尚往来，过节送礼成了一种约定俗成的习惯。所以一提到过节，人们自然地就想到送什么礼物。孩子们在大人的影响下也形成了这样的思维定式。此外，现在的不少家长对孩子表达爱的方式就是满足孩子的要求，尤其表现在对于他们提出的物质要求常常无条件地满足，并且千方百计地在物质上让自家的孩子比人家的孩子好，以证明自己比别人家的父母更爱孩子。渐渐地，孩子们就产生了这样的认识：爱就是用物质来表达的，爱你就是送你东西，越爱你送的东西就越昂贵。因此，到了教师节，孩子们只会用送礼的方式来表达对老师的爱。

（2）争强好胜心，助长攀比风。小学生普遍争强好胜，喜欢表现自己，炫耀自己，喜欢引人注目。而这样的好胜心一旦聚焦在物质上，就会导致相互间的攀比，使得学生对自我的认识产生偏差：只有吃的、穿的、用的、玩的都比别人好，才能证明自己比别人强。

2. 支招导行

（1）收集故事，感念师恩。从幼儿园到小学，在教师节里要对老师表达感恩之心的观念基本已深入学生的内心，但要感恩老师的原因，相信不少学生并不真正清楚和明白。没有感念师恩之情，就无法由心而发行出感恩之举，只徒留形式而已。因此，我们首先要让学生真正拥有一颗感念师恩之心。

找一找感恩老师的故事，能让学生发现感念师恩是中华民族的传统美德，有许许多多的名人志士都常怀一颗感念师恩之心，行出了不少感恩之举。讲一讲感恩老师的故事，能让学生在潜移默化中与故事中的人物产生心灵和情感上的交流，不知不觉中，故事人物的言语和行为在学生的心河上荡起了阵阵涟漪。此时，老师再助推一下，请学生们说说自己听故事或讲故事的感受，就能使他们对故事内容产生更深的认识，从而形成共鸣。

（2）交流讨论，学会感恩。读了那么多的感恩故事，相信孩子们对何为"送给老师的最好礼物"一定有了新的理解和认识。除了认真学习、待师有礼以外，还可以引导孩子们大胆表达自己对老师的喜爱：录下自己的感恩心语发给老师；用微信讲述自己和老师间的小故事；给自己喜欢的老师点赞、与其合影……

【聚焦结合点】

每逢教师节，家长、老师甚至社会舆论都会教育学生们要感恩老师的辛勤付出。学校里也常会开展各样的感恩教育，但是"感恩"先是一种内心的情感，而后才外化为具体的行为。如果缺乏对教师工作由心而发的认可与肯定，感恩的行为也就徒有其表了。因此，情商与行规的结合点就在于激发学生尊敬教师的内在情感，引导学生正确表达对老师的尊敬和爱。

【另辟蹊径】

1. 四个"一"，体验老师的辛劳

我们知道"体验"才能产生情感。所以，身为班主任的我们不妨在庆祝教师节的九月里开展一次为期一个月的体验式主题活动，让学生们在实践中切实感受到老师为自己的付出。

在这次主题活动中，老师可以设计这样一些小任务，如：做一做"班主任"、当一当"护导老师"、算一算作业本上的勾叉数、看一看老师的课前准备。学生们可以根据"菜单"自由组合，每周选择其中的一项任务来参与完成，并做好记录，写下自己当时的体会与感受，并在每周的班会课上进行交流。

在做"班主任"的过程中，学生们深切感受到班主任并不是想象中那么好当的，从早上进校到下午放学，"班主任"几乎是一刻不停：做早操了，要及时带领同学迅速、有序地出操，并及时纠正踏步、做操过程中的错误；下课了，别的同学在玩耍，自己却要留意教室的每一个角落，提醒同学文明休息；当同学之间发生矛盾的时候，自己要开动脑筋想办法解决，并且不能有失公平；吃午饭了，自己在"解决"午餐的同时还要提醒大家节约粮食，不能浪费；放学后，别人都回家了，自己则必须检查好值日生的工作才能走……

而当"护导老师"也绝非一件轻松的事。每节课下课铃一响，别的同学开始尽情玩耍嬉戏的时候,自己则要牺牲休息的时间,立刻赶到护导地点,督促同学们注意安全,不在走廊里奔跑。就连上个厕所或喝口水,都一定得找个人替自己站着,并且必须速战速决。

不算不知道,一算吓一跳。原来老师每天要在作业本上打这么多的钩叉呀!光一本作业本上的钩叉数就让学生们数得晕头转向了,更别提全班三十几个人的不同学科的作业本了。尤其是那些订正特别多的作业本,真的让承担数算任务的同学"深恶痛绝"。

再看看老师课前的准备工作又是如何的呢?数学老师在准备教具:红蓝小圆片分装在不同的小碗里、各色小棒还要整理……转眼间,大半节课的时间已经过去。科技老师在准备实验器材,酒精灯、烧杯,逐一检查,摆放……放学了,老师还留在办公室里备课、找资料、做课件,忙得不亦乐乎!学生们这才知道,每一堂课前老师都花费了大量的时间和精力来做好充足的准备。

就在这样"做一做""当一当""数一数""看一看"的过程中,学生们真真实实感受到了老师工作的辛劳,体会到了老师对自己那不计回报的付出,爱师、尊师之情油然而生。此时,感念师恩对学生而言不再是意识上的认知,而真正成为情感上的需求,行为上的自然之举。于是,专心上好每一堂课,认真完成每一本作业,虚心听从老师的教导将成为孩子们送给老师们的最好礼物。

2. 一棵"树",分享成长的喜悦

此外,班主任老师还可以在教室里"种"下一棵"成长树",让孩子们分享彼此的成长与进步,引导他们形成积极向上的好胜心,帮助学生学会不怕挫折,克服困难,勇往直前。

【问题情境4】

妈妈呕吐 不知关心

小米的妈妈昨天身体不适,吃过午饭后就呕吐了。没想到,小米不但没有主动地去关心妈妈,还嫌洗手间里的味道难闻,上个厕所都捏着鼻子,不停抱怨。小米妈妈感到很难过,只能跟老师来诉苦。

【一般思路】

1. 分析成因

相信小米的妈妈平时一定非常疼爱小米,事事都以小米为先,在小米生病的时候更是无微不至地呵护,所以面对小米对自己身体不适时的漠不关心才会特别伤心和难过。她一定会觉得小米怎么这么自私,这么不孝顺呢?而这也是当今很多家庭都面临的一个问题。究其原因,就是很多家长以为,只要自己一味地付出,不求回报,孩子就能懂得自己的良苦用心,就会心存感恩。其实不然,这样"不求回报"的爱,只会让孩子成为父母的附属品,而不是家庭的一分子;只会让孩子越来越自私自利,觉得他人对自己所做的一切都是理所应当的。长此以往,他们就只会在意自己的情绪和需求,不会顾及他人的需要和感受。

2. 支招导行

(1) 了解成长历程,感受父母关爱。要让孩子学会关爱父母,首先要让他们感受到父母对自己的爱和付出。班主任老师可以围绕"成长的脚印"这一主题开展一系列活动:让学生们回家和父母一起翻看自己的成长照片,听父母讲述自己的成长故事;或找出自己儿时穿的衣物与现今的做比较;还可以借助自己的出生证明和儿时的保健卡制作一份成长记录册,写下自己出生后每一个阶段的成长变化……通过这些活动,学生们一定会发现自己从呱呱坠地的婴儿成长为如今的少男少女是多么不容易的一件事情,从而体会到父母在这一过程中的辛勤付出。

(2) 寻找典型事例,升华情感体验。著名歌手韩红有一首脍炙人口的歌曲《天亮了》曾经打动了无数人的心。而歌曲的创作背景就是一个真实的事件——《父母托举的生命》。在生和死的瞬间,父母想到的并不是自己,他们用双手把生的希望留给了儿子,这就是人世间最伟大的亲情!讲述这样的故事,能让学生的情感得到升华,能更好地激发他们对父母的感恩之情。

（3）展开教育引导，学会关心父母。当学生们有了一定的情感体验以后，班主任老师就可以因势利导，教育孩子们用自己的实际行动去回报父母的爱。如认真对待自己的学习任务，不让父母操心；为父母做些力所能及的小事，分担父母的辛劳；主动关心、问候父母，为他们捶捶背、揉揉肩……

【聚焦结合点】

遇到这样的情况，我们通常所采用的方法都是让学生先回顾父母平时对自己的关爱，从而使他们明白自己也应该去关心父母。但如何才能让学生由心而发产生关心家人的意识，并在以后的日子里能持续不断地主动加以关心呢？其实，"爱"也是一种责任。父母也好，亲人也罢，都是因为"爱"，所以甘愿承担责任，倾心付出。因此，情商与行规的结合点就在于如何培养起孩子的责任心，让她明白自己是家庭的一分子，对家庭、对父母也应肩负责任，在担责的过程中去体会爱，学会爱，付出爱。

【另辟蹊径】

1. 走进父母职场，感受父母的付出

在当今社会，我们经常会看到这样的情景：父母们一边围着孩子转，想方设法地满足孩子的种种心愿；一边又埋怨他们不懂得父母的良苦用心，不能体会父母平时的辛劳。那为什么会这样呢？究其原因，首先是因为很多孩子往往只看到家庭中的父母，做家务时的父母，或看电视、玩手机时的父母，所以，在他们的潜意识里就认为父母其实很轻松，而自己白天上课，晚上还要完成作业，特别辛苦，父母理应围着自己转。因此，家长不妨利用双休日加班的机会，或是孩子的寒暑假期间，带着孩子去自己工作的地方看一看，感受一下。如此，孩子才会发现原来自己在校学习的时候父母也正辛勤地工作着：他们可能一天都必须站着，只有吃午饭的时候才能稍坐一会儿；他们也许一天都对着电脑屏幕不停地敲击键盘，身体僵硬，腰酸背痛；他们还可能一整天都在外奔波着，从一个地方赶往另一个地方，即使外面正大雨瓢泼或烈日炎炎……只有这样，孩子才会有切身的体会，真心感受到父母在外的辛劳，以及对家庭、对自己的付出，才会产生要体谅父母、体贴父母、回报父母的想法。

2. 父母适时示弱，让孩子体会被需要的感觉

民间一直流传着这样一句话：强大的父母，饿死的娃。也就是说，父母越强势，能力越强，孩子的能力反而越弱。因为强势的父母总不放心把事情交给孩子去做，即使偶尔让孩子动动手，也会百般嫌弃，觉得做得不合自己心意。久而久之，孩子不仅不愿意主动参与到家庭服务中去，而且对父母的敬和畏也超过了爱。试想，在这样环境下成长的孩子可能会去主动关心父母吗？所以，身为父母，适时地示弱也是必需的。告诉孩子，今天你很累，请他帮你揉揉肩、扫扫地，并对他所做的表示感谢与肯定。让孩子知道你忙不过来，需要他来帮你打个下手，并且告诉他，因为有了他的帮助，你轻松多了，事情也做得更快、更好了。家长生病了，也主动告诉孩子自己不舒服，让孩子帮忙倒水、拿药。这样，孩子也会学着家长平时照顾他的样子来关心、照顾家长的。父母的适时示弱能让孩子感受到自己是被父母、被家庭需要的，能满足他们内心深处的存在感。长此以往，孩子就一定会更主动地参与到家庭活动中去，也会更留心父母的情绪和需求，成为父母的"贴心小棉袄"。

3. 转换自身角色，承担应有的责任

在一个家庭中，孩子不应该是"附属品"，而应当是家中的主人之一。身为主人，他就不该只是享受，也理当有所付出。所以，父母要把孩子看成是自己的"家庭合伙人"，给他们一点任务，让他们学着为家庭承担一定的责任。例如，年幼的孩子，就让他们在饭前摆摆碗筷，盛盛饭；休息天里洗洗手帕，扫扫地。年长一些的孩子，则可以饭后洗洗碗，洗澡后洗掉自己的内衣、袜子，或者在双休日里为父母准备一份早点。当然，更可以家校联手，形成合力。班主任老师可以布置一个长作业，让孩子们每天回家为家人做一件事，并做

好记录。一周以后,从中选出一到两个任务作为自己的长期岗位,坚持做好,并定期请家长进行反馈。然后再利用班会课的时间,请学生和家长来交流各自的体会。这样一来,家庭岗位就能真正得以落实,孩子也在服务岗位的过程中形成责任意识,学会责任担当,体会付出。

【问题情境5】

乱扔垃圾　不听劝阻

今天秋游,小伙伴们带了很多零食,可高兴了。小李吃完一包薯片,随手把包装袋往地上一扔,一位清洁工阿姨马上把袋子捡起来,还对小李说:"小朋友,前面有垃圾桶,你待会把垃圾扔到那里去哦!"可是小李却"哼"的一下走开了。

【一般思路】

1. 分析成因

(1) 随手扔下包装袋,只因自私心作祟。吃完薯片就随手一扔包装袋,可见对小李而言这样的举动是十分自然,没啥可大惊小怪的。估计小李压根也没想过自己这么做会破坏环境,也会给别人带来不便或麻烦。而这一反应正是孩子自私心的体现。在现在的独生子女家庭中,很多孩子都过着饭来张口、衣来伸手的日子。在家里,他们可以随意地把物品东丢西放,吃完的果皮纸屑后面有人跟着收拾……不少家长在看到孩子做值日生时都会忍不住嘀咕:"哟,倒蛮像样的嘛!"可见,在家里孩子根本不干这事的。长此以往,孩子就会变得越来越自私自利,心中只有自己,凡事只要自己喜欢,自己方便就好,哪管别人怎么想。因此,小李会乱扔垃圾也就不足为怪了。

(2) 不会正确看自己,无法虚心听批评。像小李这样的孩子,基本从小出生在一个相对比较封闭的环境里面,生活在长辈的宠爱之中和被夸奖、称赞、奖励的氛围中,所以往往会比较清楚地认识到自己的长处,却不容易看到自己不足的地方。① 如此一来,学生对自我的认识就会形成偏差,就会觉得自己什么都是好的,什么都是对的,以至于无法接受别人善意的批评和提醒,缺乏"虚心"这一良好的心理品质。所以,小李才会对清洁工阿姨的好言相劝不以为然。

2. 支招导行

(1) 家长先行,打破孩子的"中心地位"。身为小李的家长,一方面要改变一切以孩子为中心的做法,不再凡事围着孩子转。另一方面,要布置些小任务给孩子做,让孩子感受到自己是家中的一分子,理应和家庭成员一样为家庭做些力所能及的事。这样他才会从家中一员,逐步进入到学校一员,进而步入社会一员的角色中。

(2) 故事引领,启发学生正确看待自己。《鼹鼠和鹰》是一个能引发人思考的童话故事。故事讲述了居住在橡树根附近的鼹鼠好心劝阻鹰王夫妇不要在橡树上做窝,因为橡树的根部几乎已经烂光了,但自以为是的鹰王夫妇却瞧不起小小的鼹鼠,不听它的忠告,执意在橡树上做窝,并孵出了一窝小鹰。可是,就在鹰王夫妇外出觅食的一个早晨,橡树突然就倒了,一窝小鹰全部摔死了。此时的鹰王夫妇对于自己没有听取鼹鼠劝告的行为后悔莫及,但为时已晚。教师可以边讲故事,边启发学生去思考鹰王夫妇不听劝告的原因,从而得出正确的结论:因为鹰王自以为是,十分骄傲,瞧不起鼹鼠,才会不听劝阻,最后落得悲惨的下场。从这个"反面教材"中,学生们能清楚地意识到不能自以为是,要虚心听取别人的意见或建议,促使他们正确地看待自己。此外,老师还可以利用《将相和》《铁杵磨成针》等历史故事进一步强化学生的认识,让他们懂得"人无完人,金无足赤",要虚心听取别人的意见和建议。

(3) 联系实际,帮助学生正确面对批评。身为老师,首先要以身作则。当老师自己在工作中出现失误被学生指出时,一定要虚心接受,加以改正,并对孩子的善意提醒表示感谢,起到榜样作用。老师

---

① 赵梅.小学教育中的虚心教育[J].祖国(基础教育),2014(1):274-275.

还可以创设一些生活中的小情境让学生联系实际来进行辨析和讨论，从而引导学生正确地面对批评和建议。例如情境一："下课时，小明在走廊里奔跑，小红看见了立刻上前批评道：'小明，在走廊里奔跑是不对的！'可小明却说：'你又不是班干部，凭什么来批评我！'说完就继续跑了起来。"请学生们说一说小明的做法错在哪？为什么？情境二："同桌小米看到小丽把自己脚下的纸团踢到了后面同学的座位下，便批评小丽做得不对。小丽听了后捡起了纸团，却不再理睬小米了。"请学生们讨论一下小丽这样的举动对不对，为什么？情境三："小刚什么事也没做过，却被别人批评了一通。"请学生帮小刚出出主意，他该怎么办？在学生畅所欲言的过程中，老师要进行及时的点拨，最终帮助学生进行适当的概括：① 孔子曾经说过："三人行，必有我师焉。"只要提出的批评和意见是正确的，就该虚心听取，努力改正，没有人员之分。② 对批评者一视同仁，不记恨在心、区别对待。③ 如果别人批评错了，可以心平气和、实事求是地进行解释，并提醒自己以后不要犯这类错误。

【聚焦结合点】

在以往的教育过程中，我们比较注重的是如何指导学生做出虚心待人、尊重他人的具体行为，却常常忽视了能支持学生做出这一举动的情感基础。像情境问题中的小李同学，他之所以对清洁工阿姨的善意提醒不屑一顾，还有一个根本的原因是他对清洁工这一工作的轻视。因此，情商与行规的结合点就在于要让学生切实感受到所有的付出都值得尊重，从而为他们尊重他人的行为提供源源不断的动力。

【另辟蹊径】

1. 教师率先垂范，引导孩子尊重他人的付出

在很多人的潜意识里科学家、工程师、航天员的工作都十分值得尊重，因为他们做的事往往是一般人很难做到的，而许许多多普通劳

动者的工作却常常会被他人忽视,对于他们的真诚付出,大家常会"视而不见"。所以,要改变这样的状况就要从娃娃抓起,而要让学生学会尊重他人的付出,教师的示范引领责无旁贷。

很多时候,身为教师的我们也忽视了孩子们的真心付出。当值日生完成值日工作以后,我们更多的是以监督、检查者的身份去看待劳动成果,常常是去"挑毛病"的,而不是欣赏和感谢。因为老师们总觉得这是值日生理所应当做到的。那这跟小李同学认为清洁工阿姨就该做好保洁工作的想法有什么本质上的区别呢?

因此,要改变孩子,首先要改变我们教师自己。让我们首先拥有一双发现的眼,一颗感恩的心,去发现孩子们在日常学习生活中的付出和努力,并及时地加以表扬、肯定和感谢。

当值日生完成了当天的值日工作以后,教师可以引导班中的学生一起去感受值日生们给班级环境带来的改变,感谢他们的辛勤劳动。当班中的小岗位负责人认真完成了自己的岗位工作,为老师、为同学提供了服务后,班主任老师也要带领大家一起去夸夸这些同学,对他们说句感谢的话,让这些岗位负责人感受到自己的付出是被大家所重视所认可的。同时,这也让被服务的同学懂得用心去体会他人的努力和付出。在学生们参加完各项赛事以后,班主任老师既要表扬那些获奖的同学,更不能忘记那些参赛却没有获奖的孩子,要让学生们感受到自己为班集体做出的点滴努力和真心付出都被老师看在了眼里,记在了心中。相信在老师这样潜移默化的影响和带领下,班中的孩子们也一定会看到周围人对自己的付出,会向每一个为自己提供服务,给自己带来便利的人表示感谢和尊重。

2. 设计体验活动,感受服务人员工作的辛劳

在日常生活中,学生们之所以不会尊重周围劳动者的辛勤付出,还有一个很大的原因是他们没有切身的体验。所以,教师也可以开动脑筋,设计多种活动,让学生们在活动过程中获得真实的情感体验,感受到身边服务人员工作的辛劳,从而懂得尊重他人的劳动,并逐渐养成良好的行为习惯。

在一堂小学二年级的《品德与社会》课的教学过程中,为了让学生们能真正懂得尊重小区服务人员的劳动,我就在学生们了解了水电工叔叔一天工作的辛劳以后,设计了一个"角色扮演"的体验活动,让学生们分组担任邮递员、图书管理员、送奶工、送餐员和车棚管理员的工作。于是,"邮递员"开始根据订阅单数点报纸,分门别类,再送入不同的信箱内。"图书管理员"着手按序列号整理书籍,放入相应的、高低不一的书架中。"送奶工"忙着根据订奶单,将不同数量、不同品种的牛奶盒送入相应的奶箱中。"送餐员"也盯着订餐单把相应的菜品图片放入写着门牌号的一次性餐盘内。而"车棚管理员"则先学着看懂车棚的平面示意图,然后再动手将不同种类的非机动车图片整齐摆放。不一会儿,学生们就状况频出:"邮递员"们不是因为数错份数,就是因为搞错报刊名称而不断返工;"图书管理员"们有的因为看错编号而放错了书,有的因为一会儿踮脚、一会儿下蹲而觉得腰酸背痛起来;"送奶工"更是被不同的奶制品种类、订奶数量和家庭地址给弄晕了头;"送餐员"也错把番茄炒蛋看成了番茄蛋汤;而"车棚管理员"呢,也因为没有合理规划,而导致自行车被塞得东倒西歪。结果一场体验下来,学生们都由衷地感叹:"小工作,大学问!小区服务人员天天为大家服务实在是太辛苦了!"并纷纷表示自己以后一定会尊重他们的劳动,不给他们添麻烦。这样的教育效果可谓"水到渠成"。

此外,教师还可以利用学生开展雏鹰假日小队活动的契机,组织他们去社区打扫卫生;去十字路口当一回交通志愿者;或者自己动手准备一顿午餐……在他们不断体验的过程中,升华情感,指导行为。

八　珍爱生命健身心

平凉路第三小学　李敏婕

【问题情境1】

好胜心强　无视危险

小新腿长,个儿长得特别高。一天,他和同学下楼梯时,打起了赌,比赛跳台阶,看谁胆量大。小新从第7级往下跳,脚一打滑,后脑撞在了台阶上,鲜血直流……

【一般思路】

在平时的学校生活中,像小新这样的孩子可是真不少。教师们见了可谓是头痛不已。面对这样的事件,教师们的一般做法往往是以下几步骤。

首先是尽快急救受伤的孩子。教师会迅速联系家长,并把孩子送往医院处理伤口。

其次,教师会寻找与小新一同比赛跳楼梯的孩子,了解情况。其实这个过程就是教师的"说理教育",教师会用小新"血的教训"对孩子们进行说理,告诫孩子们比赛跳楼梯这种不文明的休息方式是绝对不能发生的,文明休息对大家的身心健康是很重要的。

最后,教师会联系家长,寻求家庭教育。教师会与家长们说清事件,希望家长加强家庭教育,与学校教育形成合力,让学生知道不文明休息造成的后果是不堪设想的。

无论是教师还是家长,面对这样的事件一般都是采用"说理教育"。其实,小新和同学进行跳楼梯比赛,一是他们没有自律行为,生命意识淡薄;二是小新好胜心过强,比赛过程中情绪失控。小新的行为不是勇敢,而是冒险,他以生命安全为赌注,不仅是不理智的,而且是情商低的表现。

🤝【聚焦结合点】

让孩子学会情绪管理和加强生命意识,都是"情商教育"的重要内容之一。那么,针对类似于小新这样课间屡见不鲜的不文明行为,该如何将行规教育与情商培养结合起来呢?

1. 学会自我安慰,有效情绪管理

情绪管理,就是用对的方法,用正确的方式,探索自己的情绪,然后调整自己的情绪,理解自己的情绪,放松自己的情绪。

情境中的小新,面对同学的挑衅,罔顾自己的生命安全,做出了错误的行为,这其实就是情绪管理不当造成的。

其实,小新在遇到这样的问题时,最好先采用"自我安慰法"。自我安慰,就是当一个人遇到不幸或挫折时,为了避免精神上的痛苦或不安,可以找出一种合乎内心需要的理由来说明或辩解。这种方法,对于帮助人们在大的挫折面前接受现实,保护自己,避免精神崩溃是很有益处的。例如,当遇到情绪问题时,可用"胜败乃兵家常事""塞翁失马,焉知非福""坏事变好事"等词语来进行自我安慰,这样就可以摆脱烦恼,缓解矛盾冲突,消除焦虑、抑郁和失望的情绪,达到自我激励、吸取教训之目的,也有助于保持情绪的安宁和稳定。

2. 进行活动体验,增强生命意识

生命意识,是指每一个现存的生命个体对自己生命的自觉认识,其中包括生存意识、安全意识和死亡意识等。

儿童和一些青少年,他们往往没有树立起生命意识。问题中的小新和同伴就是这样的孩子。面对这样的孩子,教师和家长可以让孩子们进行一些活动体验,提高自护防范意识,体验安全对生命的重要性。例如,"抬杠"游戏,让学生体验要对他人负责,他人的生命健康与你直接相关,不要因为你的失误而成千古遗憾;被抬的同学要注意,不管碰到什么情况,都不能松手,只要手不松,头就不会先着地,明白脑袋是生命中枢的道理。

通过一次次体验活动,让孩子明白生命意识不仅体现为爱护、珍惜自己的生命,也体现为爱护、珍惜他人的生命。

【另辟蹊径】

1. 和谐氛围,形成积极情绪

作为教师,要给学生营造和谐的班级氛围;作为家长,要给孩子营造温馨的家庭环境。这些都有利于孩子积极情绪的形成,情商的培养。例如,下课时,老师可以和孩子一起玩皮筋、下跳棋、阅读……在家中,父母的拥抱、谈心、一个抚摸、一个微笑、一个眼神,都能让孩子感受到来自老师、父母浓浓的关爱。久而久之,相信孩子们会由此及彼。生活在这样集体、家庭中的孩子,当然也会愿意将自己的快乐、成功与他人分享,形成积极情绪。那样,课间也就会避免发生类似于小新和同伴这样的事故了。

2. 艺术熏陶,完善生命意识

艺术作为一种有效的、易被孩子接受的手段,无疑是对孩子情商培养的最好选择。教师、家长可以用艺术的形式帮助孩子建立积极快乐的人生观,使孩子们学会用发现的眼睛去看待这个世界,学会用适合自我表达的方式去与社会、他人和谐相处。

让孩子聆听一场音乐会、欣赏一次画展、观看一场比赛、参与一次书展……孩子们在潜移默化中自然会产生积极的情绪、对生命有新的认识。当下,像小新这样的孩子还是很多的,尤其是独生子女家庭,孩子们往往像小新那样好胜心强。他们总希望自己处处超过别人,家长可以通过名人的故事、书籍、访谈等告诉孩子,你希望得到他人的认可,别的孩子也希望得到认可,应该通过积极的表现,认识自己生命的意义,更在心理上悦纳别人的成功。

【问题情境2】

发生矛盾　失去理智

小新的水笔被小毛弄坏了,他找小毛评理,小毛却振振有词。小新越听火气越大,不管三七二十一,一拳向小毛脸上挥去。经诊断,小毛耳膜穿孔,视力受到影响。小新则被老师、家长狠狠批评。

【一般思路】

在学生生活中,类似于小新和小毛这样冲突和攻击的事件是屡见不鲜的。面对这样的事件,教师一般会采用"各打'五十大板'"的方法进行解决。

因为小毛的伤势严重,所以"打人者"小新首先会受到家长和教师的批评教育。面对小毛的挑衅,小新的行为失去了理智。虽然这是他在情绪失控下犯下的过失,但是却造成小毛受伤。为此,小新受到大家的指责,并需要承担大部分责任是在所难免的。

另一方面,虽然小新因失控酿成了不可挽回的事故,但是小毛弄坏小新的水笔,并不道歉还振振有词的狡辩,是事故发生的导火线。小毛的行为也会受到家长、教师的批评教育。

【聚焦结合点】

在学校生活中,学生之间像小毛和小新这样发生矛盾,继而其中一方失去理智,酿成不可挽回的事故的现象还是普遍存在的。小新出手打人,看似是行为出现了偏差,但其实是他在受到挑衅后不能控制好自己的情绪,失去了理智所致,这其实也就是他情商低的表现。让学生学会"控制情绪",就是"情商教育"的范畴。

那教师、家长该如何在平时教育中将行规教育与情商教育结合起来呢?

1. 引导学生正确认知

情境中,小新因为小毛弄坏了自己的水笔,而又不肯认错并不断挑衅,这导致小新对小毛的言行做出了以自我为中心的判断,产生了认知错误。他认为在当时没有解决办法的情况下,"拳头"就是最好的解决武器。

比如,下课休息时,别人可能只是无意间撞了自己,许多学生却可能认为对方有意打了自己。孩子之间很多的冲突都是因为彼此之间没有搞清楚对方的行为动机,而采取了不恰当和非理智的行为所致的。小新和小毛的惨事其实也是这样发生的。

所以,当事情发生时,教师和家长首先要引导孩子正确认知,教会孩子心平气和地去倾听他人的解释,善意地理解他人;即使对方蛮横无理、肆意挑衅,也要学会寻求教师、家长的帮助去解决问题,而不是用"拳头"解决。

2. 引导学生控制情绪

当同学之间发生挑衅的意外事件时,被挑衅的学生首先应该保持克制和冷静,不要轻易当场向对方发火,否则会使矛盾更加激化。被挑衅的学生可以试着把自己看成是一个涵养深厚的人,不妨随机应变地幽他一默,将场面冷下来。接着,被挑衅的学生可对事件进行一下梳理,看是否自身有做得欠妥的地方,或者可能是他人误解了自己,从而做到心中有数,为下一步与对方沟通打下基础。当然,在沟通的时候要进行和风细雨式的交流。

学生学会"冷处理、详思考",其实就是成功地控制了情绪,这也证明了他学会了处理与同学之间的矛盾,情商得到了提高。

【另辟蹊径】

在现实生活中,面对失去理智的学生,我们该如何进一步更好地帮助他们控制情绪,进行情商教育呢?

1. 在不同方式中,提高学生移情能力

移情是设身处地地感受别人情绪的能力,是产生同情、不忍攻击的心理基础。如果当被攻击者有痛苦表现时,学生仍然难以停止攻击行为,那他就缺乏移情能力,体会不到他人所遭受的痛苦,也不会产生羞愧和内疚感。所以,当学生出现情绪失控、攻击行为时,教师和家长要教育学生认识到自己的行为会给别人带来痛苦与危害,并启发他联想,如果自己被打了,会疼吗?

在平时的教育过程中,教师和家长可以通过情绪追忆、角色扮演、分享体验、情景讨论、换位思考等方式培养学生的移情能力,以此来减少学生的攻击性行为。作为小新的家长和老师,就可以采用换位思考的方法,让小新想想:如果小毛这样打了自己,自己的听力和视力都受到了影响,又会怎样?通过移情的指导,让小新认识到自己行为的不当。

2. 在日常生活中,疏导学生负面情绪

人非草木,谁能无情呢?作为父母、教师,我们的教育核心是帮助学生找到对其自身、对别人都无伤害的表达方式,帮助孩子正确对待和表达情绪,尤其是消极情绪。

作为教师和家长,在日常生活中可以渗入情绪管理、控制的教育。当学生日常生活中产生消极情绪时,可以提醒他先暂停一下,深呼吸,然后问问生气值得吗,会有什么后果,对方是故意的吗?在自己愤怒爆发前、攻击产生前思考一秒。如果小新在动手前,能静静想想、听听小毛的辩解,想想动手后产生的后果,那悲剧就不会发生了。当然,愤怒了,一味憋着,也不是解决良策。如果某一天爆发,难说会不会酿成大祸。因此,教师和家长也要告诉孩子不要刻意压抑怒气,可以采用写日记、和人聊天等方式排解负面情绪。

【问题情境3】

不顾安全　翻越窗台

放学时,小董发现他的水壶落在电脑房了,于是他急忙奔到三楼去取,谁知电脑房里空无一人,门也锁了。小董急于找到他的水壶,于是他爬到窗台上,从窗台翻进了电脑房。

【一般思路】

从情境中，我们得知其实小董把水壶落在电脑房是一个突发事件(或偶发事件)，但在突发事件(或偶发事件)面前，小董却手足无措，最终选择了最危险和错误的行为来解决。

面对这样的事件，作为教师，我们都会这样来处理：首先，我们会和家长一同在学校寻找孩子，找到之后，问清事件的来龙去脉。如果孩子已经受到了惊吓，我们当然还会进行一定的安抚和心理疏导。其次，我们和家长在得知孩子爬窗户拿水壶的举动后，一定会进行批评，继而向他说明危险性。爬窗户是一种危险的行为，任何人都不应模仿和实践。一旦在爬窗户的过程中发生任何意外，后果是难以预料的。最后，我们和家长也会对学生进行教育，告知学生面对突发事件(或偶发事件)时，寻求家长、教师的帮助是最为安全和可靠的方法。

【聚焦结合点】

许多学生一遇突发事件(或偶发事件)就会紧张忙乱、恐惧哭泣、不知所措等，甚者如情境中的小董一样，翻越窗台，罔顾自己的生命安全。很明显，孩子遇事能冷静沉着，就是高情商的表现。

在日常，教师和家长该如何提升学生的情商去解决突发事件(或偶发事件)呢？

1. 拥有基本常识才能沉着冷静

沉着冷静不是外表的不动声色，因为表情发呆、头脑僵化的学生看起来也不动声色，而沉着冷静是积极动脑、思维活跃的状态，是学生调动已有经验和知识主动解决问题的过程。学生的经验和常识积累得越多越丰富，在处理问题的时候，就越能够保持冷静的态度，而不会因为陌生和迷惑产生紧张情绪。比如，要让学生知道常用的急救电话如119、120、110等，知道地震、火灾时如何自救，知道关键的时候向谁求助、怎样求助等。因此，面对像小董这样的孩子，教师和家长在平时要多跟孩子讲这些常用和实用的知识，对于锻炼孩子冷静处理问题的能力非常重要。

2. 学会寻求帮助才能不做"大英雄"

校园安全与师生、家长和社会有着密切的关系，我们都要正视、重视它。放学了，学生应及时离开学校。即使有物品遗落在学校，可以让家长陪同或改天向老师们领取，不应该自己再独自一人返回领取。情境中的小董在放学后才想起自己的水壶落在了电脑房，此时的他应该隔日再向老师领取；即使想马上拿回，也应该寻求家长和老师的帮助。另外，放学后电脑房已经关闭，小董就更不应该不顾安全，翻越窗台来领取了。做"大英雄"，认为自己处处都行，这样的行为无疑留下了安全隐患。

【另辟蹊径】

1. 让孩子有独处的经历

从情境中，我们可以看出小董在平时生活中十分欠缺独处的处事能力。如果孩子经常或有过自己独处的经历，那么遇到大人不在身边，就较少会出现六神无主、顿时失去安全感的恐慌现象。然而，在现实生活中，多数孩子作为独生子女，缺少玩伴，家长觉得时刻陪伴在孩子身边才最踏实。就像情境中的小董，一旦身边没有家长、老师等陪伴，就会做出错误的行为。事实上，陪伴孩子成长与形影不离是不同意义的，其差别在于家长与孩子之间是否存在既安全又有距离的空间。如果家长一直在孩子身边，孩子自然而然不敢一个人待着，对独处没有安全感，对自己没有信心，更不会想办法、动脑筋单独应对问题与困难了。当然，面对突如其来的事件时就更难有解决的办法了。

2. 让孩子有应激情绪

应激情绪是机体在各种内外环境因素及社会、心理因素刺激时所出现的全身性非特异性适应反应，又称为应激反应。沉着冷静就是一种应激情绪。作为教师和家长，谁都不愿意孩子遇到突发事件，但是万一遇到了，谁也难以保证自己的孩子会不会沉着冷静、安然无恶。情境中的小董在事发时，根本没有沉着冷静地想办法解决问题，或是想想自己错误行为会导致的结果。他完全没有应对突发事件的应激能力。所以，培养孩子沉着冷静的应激能力很有必要。

那可以怎么做呢？事实上，生活中除了突发的大事件以外，许多不期而遇的小事情就能培养孩子的应激情绪。例如第一次上台表演、挑战极限运动、解决同伴之间的纷争、面对自己遭遇的失败等。当家长和教师给予学生更多的空间、提供更多的情境让孩子面对，那么孩子就会越来越沉着应对突发事件（或偶发事件）。

【问题情境4】

举止不当　误伤他人

下课了，一群孩子围在一起讨论着昨天看的精彩节目。这时，一个小男生也兴冲冲地跑了过来，挤进人群。只听见"哇"的一声，一个女生突然哭了起来，原来是男生手中的铅笔不小心扎到了她。

【一般思路】

又是一个孩子课间不文明行为造成的伤害事故。一个兴冲冲想要与他人分享快乐的小男孩，却因为自己冲动、浮躁的行为，造成了小女孩的受伤。

面对这样的事件，教师们往往在和家长共同送女生前往医院进行治疗后，就要开始对男生进行"说理教育"了。很明显，小男孩在课间休息时，没有遵守文明休息的"规则约束"，课间奔跑、在人堆里挤进挤出，这都是导致伤害事故的不良诱因。

心理学研究表明，人的活动特点受人的高级神经活动类型的影响，不平衡、不灵活的神经类型的人容易急躁、冲动、沉不住气、注意力分散，意志力也相对薄弱。活泼好动是孩子的天性，但冲动浮躁却属于不良性情，对孩子的心理健康、良好性格、行为习惯和学业进步都具有消极影响。因此，也不难看出，这个小男孩没有约束自己行为的能力，容易做事冲动，他的情商教育是有待提高的。

🤝【聚焦结合点】

正如情境中的小男孩一般,行为冲动的孩子常常表现出喜欢乱跑乱窜,动作莽撞,不是撞着同伴就是弄响桌椅,时常制造点儿动静;游戏活动时也不投入,看别人玩什么自己就玩什么,盲目从众,爱搞恶作剧;坚持时间短,浅尝辄止;甚至有时大声喊叫、扔抢物品、随处走动、招惹别人……这些孩子不仅对自己的行为没有约束能力,同时性格冲动。

那面对行为冲动的孩子,我们该如何在培养他们行为规范的同时进行情商教育呢?

1. 先冷静,后行动

当某一事件触发了孩子强烈的情绪反应,在表达出情绪之前,我们可以先告诉孩子为自己的情绪降降温。比如让他在心里对自己说:"我三分钟后再发怒。"然后在心中默默地数数。不要小看这三分钟,它在很大程度上可以帮助孩子恢复理智,避免冲动行为的发生。

2. 多沟通,少责备

要改善孩子的行为,家长应当言传身教。家长平时要多和孩子交流讨论,发现一些在孩子学习、生活中可能遇到的问题,一起探讨解决的办法。如果能够经常交流探讨,时间久了,孩子就会养成思考的习惯,那么冲动行为自然也会得到控制。同时,家长也要与老师经常交流,看到孩子有进步,就要采取奖励措施,巩固已有成果,在正强化的作用下,孩子的自我控制能力就会有所提高,而冲动性格也会有所改善的。

🔍【另辟蹊径】

1. 让孩子描述冲动的感觉

当孩子情绪激动的时候,就容易冲动。此时,教师可以试着让孩子把注意力放在他身体的感觉上,去感觉"我现在心跳很快""我现在脸很红""我现在呼吸急促"等。当他关注自己身体的时候,实际上是将关注点从事件上转移。同时,当教师和家长发现孩子有冲动迹象时,可以对孩子说:"你好像挺兴奋(气愤、委屈、难过等)的,说给我听听。"鼓励孩子将积聚于内心的激动情绪用倾诉的方式表达出来,帮助他减轻情绪压力。在平时的生活中,教师们可以多运用这种体验法,让学生明白有了以上的感觉就是自己将要有冲动的行为了,那么就要进行自我约束、自我调整,避免冲动行为的发生。

2. 让冲动在空间中转换

情境中小男孩的行为可谓司空见惯,对此,作为家长和教师可以尝试用暗示、转移注意法。化解冲动要及时转移。大量事实证明,冲动情绪一旦爆发,很难对它进行调节控制,所以,必须在它尚未出现之前或刚出现还没升温时,立即采取措施转移注意力,避免它继续发展。情境中的小男孩想必平时做事就较为冲动和鲁莽,可尽力让他在休息时想一些无关的事、干一些其他的活,脑子不闲,手脚不停,让他摆脱因发怒带来的思想负担。所谓"眼不见、心不烦",说的就是这个意思。

3. 让冲动在运动中消失

心理学家发现,运动是有效解决冲动、愤怒的方法。尤其是多参加户外活动,主动做一些消耗体力的运动,如登山、游泳、武术或拳击等,能使不快、冲动得以宣泄。在日常活动中,教师可以根据学校的规定组织学生进行有益、适当地运动,让他们消耗体力,让冲动的情绪随着汗水一起流淌掉。例如:"阳光体育"时间、体锻课时间。那么,在课间短短的12分钟内,孩子因冲动而发生的事故就会减少一些。

【问题情境5】

上下楼梯 推推搡搡

下课铃声刚刚响起,学生们便像小鸟一样飞出教室,奔向操场。此刻的他们早就将"靠右行"抛之脑后。只见楼梯上,上上下下的学生拥作一团,你推我挤,险象环生。

【一般思路】

面对学生们这样的行为,教师们一般的思路总是认为自己对学生行为规范的教育、训练还不到位,一番说教之后,便是大张旗鼓地训练。

其实,小学生的年龄决定了他们好动贪玩,由此就会引出类似情境中的现象:追逐、疯闹、推搡等。尤其是男孩子们在课间活动时更喜欢打打闹闹、追逐嬉戏。课间短暂的休息时间,他们早已把"靠右行""慢慢走"抛诸脑后,作为教师和家长大可不必为此生气,这些表现其实就是孩子们天性的显现,而我们应该正视这些表现。

很显然,学生课间追逐打闹是他们安全意识淡薄、自我控制能力欠缺的表现。而提高这两方面的能力,则可以通过"情商教育"来进行。

【聚焦结合点】

作为教师,该如何把对学生的安全教育和自我控制能力培养与情商培养结合起来呢?

1. 自主创新课间活动

孩子们课间喜欢拥作一团,其实也是他们无聊的表现,教师可以带领孩子们玩一些有益、简单的活动,比如跳皮筋、踢毽子、打打牌、算算24点等。另外,教师们也要与时俱进,多了解孩子们喜欢的桌游,也可以在课间与他们一同活动。

同时,教师还可以让孩子们自己设计游戏,孩子们的想象力是无穷的,他们的奇思妙想往往令大家意想不到。他们玩耍着自己设计的游戏,相信会更开心。有益简单的活动既避免了学生的追吵打闹,排除了安全隐患;又可以让这些健康的小活动如火如荼地开展起来,学生们的身心也得到了必要的放松和休息;并且,创新的游戏活动也发挥了学生们无限的潜能,可谓"一举多得"!

2. 丰富创新实践内容

作为教师除了可以利用校班会、午会课等契机,经常向学生宣传校园安全的重要性外,还可以丰富创新宣传内容,给予学生更多新型的实践内容。例如,教师可以让孩子画画图、写写标语,让学生们在楼梯上贴上"小脚丫",帮助大家更好地养成习惯。又如,有些学校有专用健康安全体验馆,里面有许多模拟道具,教师们可以在其中对学生进行安全教育的同时,更可以让学生进行模拟活动。多样化的实践内容,能让学生更好地理解自我控制的要求,把安全内化为自己的需要,避免盲目冲动地去做一些新奇而危险的事情。

【另辟蹊径】

1. 游戏活动,提高孩子的自控能力

游戏中常常蕴含着规则,孩子通过这种有趣的形式,更容易形成自控能力。例如,教师可以利用课间、体锻课、"阳光体育"等时间,带领学生一起玩"木头人"的游戏,让学生通过扮演"木头人",学会控制自己的动作,进而产生自我控制的意识。

2. 社会实践,提高孩子的自控能力

让学生走出校园,来到社会中,让他们找一找身边不文明的现象,然后进行有效的宣传,体验自我控制对于个人、社会的重要性。例如,教师可以组织学生走进交通大队,和交警叔叔一起执勤。对于乱穿马路、非机动车带人等现象,给予及时的制止和劝说。让学生们在社会实践中真正感受自我控制的重要,从而形成自觉的行为。

3. 表扬肯定,提高孩子的自控能力

培养孩子的自控能力,无论是教师,还是父母,都要有耐心。面对孩子良好的、进步的自控行为,要给予及时的表扬和鼓励,树立孩子的自信心。与此同时,教师还可以积极采用多种评价方法,激励孩子形成自控能力。例如:同伴评价、父母评价、自主评价等。

【问题情境6】

理直气壮　红灯穿行

"等着多傻呀！又没有人,也没有车,干吗不过去呢?"小明对着极力阻止他闯红灯的小红大声说道。然后,他还是自顾自地向前走,一边走,还一边嘴里嘟囔着:"有什么大不了的,人要学会变通嘛!"

【一般思路】

一个发生在身边的情境,很熟悉的画面,很熟悉的话语。遵守交通法规是何等的重要,孩子从小就会受到父母和教师不厌其烦的教育,可是换来的还是孩子认为这样是不会"变通"。

当听到孩子说出:"有什么大不了的,人要学会变通嘛!"这句话时,教师们都会认为"变通"两字让大家看到了孩子的侥幸心理。

的确,情境中的孩子并不是不知道交通法规的重要性。相信在学校、在家中,教师和家长都会反复地对孩子进行相关教育,但是他就是无视交通法规,并利用侥幸心理,无视自己的生命安全。不能控制自己的行为,这其实就是低情商的表现。

【聚焦结合点】

学生要遵守许多的规则,作为社会人,遵守交通法规也是其中之一。那如何让学生控制自己的行为,达到自律与情商培养相结合呢?

1. 肯定孩子

侥幸心理是指某些人为了达到个人的目的,对自己的行为所要达到的结果盲目自信的一种放纵、投机取巧的心理。侥幸心理只不过是一种幻想。它只是主观愿望,而不顾客观实际。侥幸是一种投机取巧的行为,希望迟早是要落空的。比如,面对小明的侥幸心理,小红当面指出是完全正确、积极的做法。

作为家长和教师要让孩子抛弃这种不切实际的幻想,正面引导,肯定孩子正确的想法和行为,保持积极进取精神。例如,教师和家长看到孩子在过马路时,能自觉在斑马线内等待绿灯后再走,就应该及时给予肯定、表扬,让孩子明白自己的做法是正确的。

2. 榜样力量

正所谓:"近朱者赤,近墨者黑。"家长,孩子人生的第一位老师,也一定是孩子的第一个榜样;教师,孩子学习、行为的指引者;朋友,志同道合的伙伴。教师和家长要积极鼓励孩子寻求书本中的人物、现实生活中的人物、身边的伙伴作为自己的榜样。俗话说:"三人行,则必有我师焉!"常与积极上进的人相处,相互鼓励,取长补短,不仅能使自己高尚起来,更能沿着正确的人生道路走下去。

【另辟蹊径】

1. 争章活动,形成自律

在当下许多学校都有争章活动,在活动中,孩子们得章是喜悦的,但是更让他们欣喜的是得到了教师、父母和同伴的认可。"文明小使者""勤劳的小蜜蜂""交通督察员"等,一枚小小的奖章,犹如"紧箍咒"可让孩子自觉约束行为,它意味着孩子得到了他人的认可,更让孩子们形成自律意识。

2. 评价鼓励,强化自律

无论是争章活动,还是教师、父母、他人口头或书面的肯定评价,都会使孩子们的自律行为得到强化,从而内化为自觉的行为。在平时的生活中,教师和家长可以多开展评价活动,例如,同伴评价、父母评价、自主评价。一个五角星、一朵小花、一个笑脸……都是孩子们的宝贝,因为自律的行为得到了认可。

九　保护环境爱家园

翔殷路小学　陈中华

【问题情境1】

小小卷纸　取用无度

学校厕所装置了卷筒纸,方便大家使用。小宁每次去都要拉出长长的一条来使用。小朋友看见了劝他少拉一些,保护环境。她还嘟着嘴说:"又没有用你的,你管得着吗?"

【一般思路】

"四角方方,薄面白净。传播知识,它打先锋。"猜到这则谜语的谜底了吗? 对了,它就是"纸"。

"纸"对于我们每一个人来说并不陌生:记录要用纸;演算要用纸;装饰要用纸;复印要用纸;吃饭要用纸;如厕更要用纸……可以说,"纸"在我们的生活中无处不在,我们的生活起居、学习训练、装潢装饰等都离不开纸,但有没有考虑过用纸的习惯与我们今后生活之间的联系? 我想,很多人都像主人公小宁一样没有想过这些问题。

众所周知,纸的制造靠的是树木。因此,不节约用纸,就会造成森林被大面积地砍伐,生物链遭到破坏,很多动物遭遇濒临灭绝的危机。如果这样的情况日益恶化,等待我们的将是没有树木,没有花草,没有鸟儿,更没有其他动植物的世界,人类也会最终灭亡。据有关部门统计,回收1000千克废纸,可生产800千克的再生纸,节约木材4立方米,相当于保护了17棵大树。一个大城市如能将一年丢弃的近万吨废纸全部回收利用,就相当于保护了数十万棵大树。因此节约用纸就是保护环境、保护我们赖以生存的家园。

那么,为什么小宁会这样浪费如此珍贵的纸呢?

一方面,这是一种自我意识强的表现。小宁的自我意识强主要由家庭教育所致。作为独生子女,小宁从小娇生惯养,过着"衣食无忧"的生活,节约的意识在他的心中渐渐淡化,在生活中不拘小节。这种家庭教育方式在潜移默化中造成了他对父母依赖性强,主人翁意识淡薄,以自我为中心;同时自我控制能力差,缺乏危机意识,没有切实的人生目标。所以,小宁理所应当地认为这是公用厕纸,可以像在家里一样想用多少就能用多少。在这种思想的支配下,他怎么会去怜惜一张小小的"纸"? 更何况是一张公用的"厕纸"呢?

另一方面,小宁社会责任感缺失,环保意识薄弱,这主要是传统学校教育方式的问题所在。

在环保教育方面,学校通常主要从以下两个方面对孩子进行教育。

一方面,教育孩子改变自己平时用纸的习惯。做到充分利用"废旧"纸张,不随便扔掉白纸,充分利用纸的空白处;还应积极回收废纸、尽量使用再生纸;饭后餐前或擦拭身体时尽量水洗或用毛巾、手帕,减少纸张的耗费;实在要用到纸张时,计算好使用量,尽量避免浪费。

另一方面,倡导孩子们多多种植植物增加绿色,净化空气;参加植树造林活动,为后代造福,增加城市绿化面积;或者跟父母一起到有关部门领养植物,用爱心、细心和恒心照顾它,使之茁壮成长。长此以往,逐渐培养自己的环保意识、社会责任感,真正做一个"环保小达人"!

在学校中经过这样的环保教育,相信小宁自己肯定懂得纸张来之不易的道理;但落实到行为上,他却想当然地认为森林、树木有的是,纸没有了可以再造,只要我买得起就用得起,自己用得舒服、用得顺手才最重要,于是忽视了环保理念。

【聚集结合点】

从小宁的例子可以看出,目前我们针对孩子的环保教育是存在问题和缺陷的。传统的学校教育方式并没有将环保理念植入孩子内心,而是只停留在表面;加之家庭教育导致的自我意识强,小宁只会以自我为中心,考虑到自己,全然无视社会的发展、人类的繁衍生息,也就更不会去考虑环境保护、生态平衡等问题。这就造成了很多孩子在学校等与切身利益相关或者一些管制比较严格的地方,能够做到节俭环保,但是一旦没有了约束,完全凭借自身自觉约束时,就完全变成了另外的一种样子。

真正从内心深处理解并认同环保理念的人,每天都能对自己拥有的一切怀抱着一颗满足、感恩、珍惜的心,懂得珍惜最为可贵,善于知足才是幸福。他们会从一张纸做起,节约一张纸就是环保,保护大树,保护环境。他们更加明白"聚沙成塔、集腋成裘,如果长期坚持,就可以少砍许多树,这不仅节约了造纸的财力,更是间接保护了森林资源,保护了地球上的生态环境"的道理。他们会把自己看成未来的主人,努力去传承与创造,发扬主人翁精神,识大体顾大局,甘愿为所在的集体做贡献,不因为一己私利而损害他人和集体的利益,也不因为一己私利影响集体甚至是国家的形象。

传统的教育方式仅仅提高了孩子们对节约环保问题的理性认识,并没有让孩子们真正从内心深处理解并认同环保理念,导致孩子们只有在外力的约束下才会按照环保的做法去实践,一旦没有外力约束就随意浪费社会资源,所以这种改变只是暂时的,可以随时违背的。这种现象的根本原因是我们的环保教育没能给予孩子直观的感受,没有唤起孩子的情感共鸣,没有让孩子们从情感深处体会到环保对自己、对国家甚至对全人类的重要性。因此如何在环保教育中唤起孩子的情感体验,从而促进孩子们对环保从认识到行为的改变,才是我们环保教育的重中之重。

🔍【另辟蹊径】

在教育中如何把提升理性认识与唤起情感体验结合起来,让孩子们做一个真真正正的"环保小达人"呢?这其中的关键就是唤起孩子们的感情共鸣。我们可以通过设置场景让孩子们切身体验破坏环境、浪费资源对自身的危害,如自己喝不到干净的水、吃不到健康的食物、没有了可以玩耍的草地森林、没有了万里无云的天空等。最简单的方式是通过电影向孩子们呈现这些场景,甚至可以通过虚拟现实(VR)技术让孩子们有更加身临其境的视觉冲击力,更加强有力地唤起孩子对于环保重要性的共鸣。当然,我们还可以通过讲故事的方式唤起孩子们的感情共鸣,现在就让我们学学这位聪明的爸爸的做法吧!

有个小男孩叫小明,他每天要用好多纸巾。吃过东西,他用纸巾擦擦嘴,再用纸巾擦擦手,还用纸巾擦擦衣服。这天,爸爸在小男孩临睡前给他讲了这样的一个故事:

从前,有个小男孩十分爱干净,吃饭时要用纸巾,洗完手要用纸巾,折纸用纸巾,撕纸更是一张张的纸巾……

一天,他得到了一筒纸巾,这可是"神奇牌"纸巾,跟以前的不一样哦。小男孩想看看纸巾究竟神奇在哪里。他拉出一截,没什么神奇;他把纸巾拉到阳台上,也没什么神奇;再把纸巾拉到楼梯上,还是没什么神奇;纸巾被拉得长长的,一直拉到小区外面;再拉到市民广场,绕过一棵棵粗粗的树。

小男孩跑呀跑,拉呀拉,纸巾怎么也拉不完……

跑呀跑,拉呀拉,小男孩回头一看,树林不见了!他扔了纸巾,惊叫着跑回家:"爸爸,爸爸,树林没有啦——"

爸爸说:"制造纸巾要用树木做原料。你用掉了这么多纸巾,树林当然就没有啦!"

为了让树林回到市民广场,小男孩又跑回去,一边跑,一边卷……

跑呀跑,卷呀卷,纸巾全都卷了回来,市民广场的树林又回来了。

小男孩真高兴呀！

听了这个故事，小明真的变了，变得不再爱用纸了，而且还总是劝爱用纸的大人，一本正经地告诉他们，木材是制造纸巾的原料，没有了树，大自然会失去平衡，地球就会很热，我们应该节约用纸。

小小的情感变化就可以驱使自我行为的转变，情绪智力的提升对于我们是多么的重要啊！因此，让我们充满自信地、主动地承担班级工作，乐于服务他人，有固定的小岗位，能积极参加学校各项活动，大胆施展自我潜能，为班级争光，为学校添彩吧！锻炼自我服务能力，将主人翁意识落实到日常行为习惯上。

在养成良好的个人行为习惯的基础上，培养自己为集体服务的意识。树立起"我是班级小主人"的意识，把勤俭节约落到实处。

多参加社区组织的有关节约用纸的公益活动，撰写倡议书宣传环境保护。还可以组织一次以"小小卷纸 取用有度"为主题的雏鹰假日小队活动，自行排练小品、快板，印制宣传单，用自己的小手牵动大手，用自己的行动带动更多人了解环保知识，增强环保意识，共同建设美好家园！

【问题情境2】

节约用电　止于口头

班队会上，四(1)班的同学们对于"节约用电"这一话题进行了激烈的讨论，并且想出了许多节约用电的金点子，班干部还代表大家宣读了倡议书。活动结束后，同学们陆续走出教室，进行十分钟的体锻活动，可是教室里的灯和电风扇还开着，展示屏上还清晰地写着："节约用电，从我做起。"

【一般思路】

节约用电的重要性不言而喻，它不仅是能源问题，更关系到生态问题。就我国现阶段而言，电的来源主要是火力发电和水力发电，风力发电、核能发电占的比重较小。火力发电主要是通过消耗煤炭获取电，而煤炭是一种不可再生的能源，一旦耗尽就无从获取，所以节约用电就是节约煤炭资源，是国家可持续发展的保证；水力发电必须修建水库发电站，这都是对区域生态环境的破坏，破坏了动物本来的家园，让他们无家可归甚至濒临灭绝。

显然，这种概念不可能在年龄尚小的小朋友心中建立，而家庭教育往往又缺乏对"节电意识"的教育。小学阶段是孩子们价值观和世界观的重要塑造时期，其行为举止、生活习惯等受外界影响很大。一方面，家长们由于长时间在单位工作等原因，可能自身也缺乏节电意识，将单位里随意浪费"公家"电的习惯带到家里，造成出门不关灯、电视、空调等现象，被孩子们模仿；另一方面，即便家长们有较强的"节电意识"，在生活中节约用电，但是疏于对自己孩子的教育与培养，没有让孩子们形成良好的节电意识，以致他们自己用电时不仅造成电力资源的浪费，还在一定程度上增加了家庭开支。

所以，作为教育的主体，学校教育对于孩子们节电环保意识的树立就显得尤为重要。在一般的教育活动中，学校通常采取宣传和组会的方式向孩子们普及节电意识。

首先，教育孩子们从我做起，从身边小事做起，节约生活学习中的每一度电。例如，离开家或者教室时记得关闭电灯、空调、显示屏等电器；电脑在不用的时候关机或休眠；减少电冰箱开门次数；空调温度不要开太高或太低，建议夏季开到 26～27℃；电视机音量调低等。这样也是发挥主人翁精神，以身作则。另外，还可以积极劝说浪费电的同学甚至家长，并以身示范，起到模范带头作用，尤其是家长们，看到自己的孩子都有节约用电的意识，也就不好意思浪费电了，这样大家相互感染，整个社会的风气也会得到改善，国家的环境、能源情况也会逐渐改善。

其次，组织在实践活动中，让同学们积极投入其中，认真对待每一次活动，如四(1)班的班队会这样的活动，用自身的行动感染同组同学，并向他们宣传节约用电的意义，让大家都能投入到节约用电的队伍中。

问题情境中,四(1)班同学们在班队会上激烈讨论"节约用电"的话题,还宣读了倡议书,表面上看似对"节约用电"有比较深刻的认识,实际上却只是浮于形式,在活动结束后依然开着教室的各种电器。从中可以看出,四(1)班的同学们对于"节电环保"的认识只是浮于表面,"节电环保"并没有在孩子们的内心深处真真正正地"扎根发芽",获得认同。

【聚集结合点】

要想将"节电环保"植根在孩子们的内心深处,获得孩子们的认同,作为教育工作者,应该想办法引起孩子们内心深处对于"节电环保"重要性的感情共鸣。因此,对于"节电环保"的教育不能仅仅局限于行规教育,还应该与情商教育结合起来。情绪智力(即情商)对行为举止的影响重大。科学研究证明,情商是人们对情绪的控制能力。情商低的人会影响个体的认知、气质、性格、人际交往等催化其形成反社会的人格品质,且对心理和动机具有激化作用。高情商的人每天进步一点点,说到做到,从现在开始行动。不是光说不做,行动力是成功的保证。而四(1)班的同学们就是由于缺乏一定的情商教育,从而导致"节电"动机趋于表面,不能更好地赋予个人行为。其实,情商培养这种情绪学习开始于人生的最早阶段,并贯穿于整个童年期。教师、父母与孩子之间的一言一行、一颦一笑,都隐含着情绪的弦外之音,情绪信息一直重复多年,孩子也从生活中得到强化,从而使孩子形成情绪见解和能力的核心。这也是情商教育中的"了解自身情绪,识别他人情绪"。

因此,如何提高情绪智力,引起孩子们的感情共鸣,引导自我行为,这才是"节电环保"教育的关键所在。

【另辟蹊径】

通过前面的叙述和分析,可以明显地看出行规与情商结合教育对于"节电环保"意识在孩子们内心获得认同的重要性,怎样才能在

"节电环保"教育中做到行规与情商教育相结合呢？以下是几点建议。

第一，可以通过营造视觉冲击力的方式引起孩子们的感情共鸣。小学生在平时生活与学习实际中已经浅显地拥有生命情感的体会，但是要有意识地引导他们超出个体生活经验的局限，去感受人类生命与自然万物生命的联系，还需要适当的途径和方法。如何理解生命与感受生命是人生的大智慧，不是单纯说教就可以完成的。"只有体验的东西才能内在于人的生命之中，融化为生命的一部分。从这个意义上说，体验是进入生命的唯一通道。"[1]因此，我们可以了解孩子们喜欢的小动物，然后通过影片或者VR技术呈现出这些小动物灭绝的虚拟场景，再通过追本溯源找到灾难的"元凶"——火力发电，让孩子们深刻认识到节约用电不仅仅是能源问题，更是关系到家园的生态问题，从而让孩子们主动自发地去践行节约用电。这种方法不仅可营造身临其境之感，更是一种生命体验的过程。

第二，无论在学习和工作当中，鼓励学生在一些活动机会里争当主人公的角色。如团队活动中自荐为小组长，积极和大家沟通感情，培养良好的团队氛围，大家向着既定的目标一齐前进；同时将团队任务分配到个人，让每个人感受到自己在团队中不可或缺的作用以及明确自己需要完成的任务，增加每个人的参与感。这样就可以有效地避免"形式主义"，并能很好地完成任务，让同学们在活动中有所收获并且增加团队荣誉感，为以后投身社会打下基础。

另外，还可以鼓励同学们自发主动组织活动，如组织同学们进社区宣传节约用电、通过编排活灵活现的节目生动地体现节约用电的重要性等。相信只要每位同学都能发扬主人翁精神，从我做起，积极投身社会活动，社会电力资源、社会风气都会渐渐得到改善。节约一度电，光明在明天！

---

[1] 冯建军.生命教育[M].北京：北京教育科学出版社，2004：186.

【问题情境3】

为走捷径　践踏草坪

操场边的草坪绿油油的,可是没多久,中间就出现了一条小路,不少同学为了走捷径去操场,直接从草地上走过。小明是这周的校园执勤员,一下课,他就在操场检查同学的课间文明休息情况。每次看到这样的情况,小明都及时阻止:"不要踩草坪!"可是效果不佳。

【一般思路】

绿色是大自然赠予我们人类的宝贵财富,绿色是人类文明的摇篮。人人都渴望拥有一个美好的家园,人人都希望生活在人与自然和谐发展的文明环境里。瞧,这一片绿油油的草坪为我们提供了玩耍嬉戏的场所,是我们紧张课余生活的慰藉。在这里,我们尽情地奔跑、愉快地欢笑,留下多少值得回忆的瞬间……

听,是谁在哭泣？原来是为我们提供娱乐场所的绿油油的草坪。而此时的它已经失去了往日的精神,身上伤痕累累,曾经绿如地毯的草坪上呈现了一道深深的疤痕。这是怎么一回事？噢,是同学们长时间走捷径,不经意间给我们的小草留下的伤痛。甚至由于日积月累的践踏,小草再也没有修复伤痕的能力,往日的绿意盎然一去不复返,只留下光秃秃的黄土……

学校一味地教育孩子们做到不践踏绿地草坪,不攀摘树枝花朵、不剥树皮,不在树上乱刻乱画、保护绿色生命,不翻越绿化带,不做出任何破坏树木草地的行为;或者制作一个告示牌,上面写好警示的标语或者是号召同学们爱护绿化的诗句等;这样的教育方式往往只能起到"治标不治本"的效果,情景中的案例还会不断地发生。

那么,如何从根本上解决这一问题呢？

【聚集结合点】

首先需要明确的,同时也是显而易见的一点是,仅仅通过说教等行规教育并不能起到很好的效果。因此,可以尝试着将情商教育与行规教育结合起来,真正达到环保教育的目的。这里可以召开主题班会从生命教育和公共意识角度出发,对孩子们进行情商教育。

首先,让学生了解不仅仅是人有生命,世间万物都有其赖以生存的法则和权利,包括那些可爱的花花草草。肆意地去践踏它,甚至于摧毁它,是对生命的不尊重。我们生活在大自然中,人类生命的延续,都依赖着自然界的万物,大到碧海蓝天,小到花草昆虫,它们的生命与我们息息相关、相辅相成。在身边的、曾经拥有的不去珍惜,那么一旦失去将不会再次拥有,这就是生命。

除了生命不容践踏之外,其实,肆意践踏学校的草坪,也是一种"公共意识"缺失的表现。草坪是学校的公共设施,这是公有财产,同时是人类不可缺少的朋友。它们能够通过光合作用,源源不断地为我们制造新鲜氧气,是"新鲜空气的加工厂""大自然天然的绿色氧吧";它们还能够吸收工业化生产排放的有毒气体、滞留污染大气的烟尘粉尘和消除对人类有害的噪声污染等,对人类赖以生存的环境起到重要的保护作用;它们还像一台巨大的空调,为我们调节温度和湿度,让我们的生活环境更加洁净舒适。正是有了树木花草的保护,才有了我们所向往的山清水秀,遍地碧草如茵、鸟语花香,任何人无论轻重、采用何种形式随意破坏它,都属于破坏公物的行为,严重的将予以赔偿处罚。

正是对于生命认同和公共意识的缺乏,使得同学们重私德而轻公德,才会为了小小的方便而走捷径去踩踏学校的草坪,甚至无视小明的一再劝阻。正是公共意识的缺乏,同学们才会有"事不关己,高高挂起"的行事态度,才会无视公德,从众心理,随意踩踏草坪,不积极主动参与学校的爱护绿化行动,不重视纠正自己的破坏绿化的行为,纵容自己一而再、再而三地犯下相同的错误,或者根本就没有意识到自己举止行为的偏颇。正是公共意识的缺失,使得同学们缺乏维护学校利益、维护公共利益的社会责任感。

一个人未必什么都会做,但是,当他做任何事情都很认真、很负责的时候,他就有可能凭借这种态度战胜困难,发挥自我的最大潜能。因此,责任心是一个人做人的基础。那就让我们从爱护小草做起,积极投入到爱护绿化、保护环境的活动中去,提升自我的公共意识,体现集体主义精神,培养自己的社会责任感,更好地做一名"环保小卫士"。

【另辟蹊径】

要培养孩子们的生命认知和公共意识,最好的办法就是让孩子们和花花草草成为朋友。可以通过下面的方法来进行教育实践。

1. 排练演出,情感激发

可以进行一次课本剧公演《我是一棵小草》,让学生在排练与实际演出的过程中,不仅收获环保理念,而且进行换位思考,感受生命的可贵。

课本剧——我是一棵小草

【人物角色】

小草

小草妈妈

小草同伴

孩子若干

【剧情概要】

第一幕 出生

布景:种子在泥土里蠢蠢欲动。

旁白:起初,我只是一颗默默无闻的种子。在一场滋润万物的绵绵春雨过后,我苏醒过来,在漆黑的泥土里。

小草妈妈:(轻轻地呼喊着)加油,长出来!

布景:小草开始长出根须,接着拼命地吸收养分向上生长。终于,将一块小石头顶起,小草顽强地长了出来。

小草：我出来啦！

布景：小草探出头的一瞬间，被周围的景色所吸引——晶莹的露珠在我兄弟姐妹的"胳膊"里滚来滚去，淘气极了；鸟儿在我头顶上飞来飞去；彩虹五彩缤纷，挂在蔚蓝的天上，一切仿佛都在为我这个新生命的到来而庆贺。

小草：(环顾四周，有些失落)我是多么渺小，就如同天上的星辰一般，只是一叶扁舟。

小草妈妈：孩子，不要气馁，只要你不懈地努力，会长大的，加油！

小草：(看看妈妈，天真地、高兴地)我要长得和那棵松树一样高！

布景：小草的眼前是一棵百年苍松，它比那三层楼房还要高出一大截。

第二幕　生长

布景：小草开始不断地扎根，不断地抽出新叶；不断地光合作用；不断地向上攀长……一个月过去了，小草长成了以前的六倍高，但它并不知足。五个月过去了，小草比妈妈还高，比任何一棵草都高。

剧情：小草被水淹，遭遇旱灾。小草的身体伤痕累累，根须快被石头碰断，但小草仍长了起来，它的一只手碰到了古松最低的松针。

小草：(兴奋地、自豪地)我长大了，我长大了！

小草同伴：(赞叹)你真是太棒了！

第三幕　毁灭

布景：好景不长，正在小草自鸣得意之时，两个不速之客在一瞬间改变了一切。两个孩子在草地上不停地践踏、撕扯。

小草同伴(呻吟着)：哎呦、哎呦！

孩子甲、乙：(走上了草坪，欣喜若狂地把草连根拔起)这里真是太好了！草坪真美！

> 小草：(眼前一片昏暗，顿时浑身无力)这是怎么回事？
>
> 剧情：孩子们将小草端详了一会儿，在一阵剧痛后，小草用最后的力气睁开眼睛。最后，孩子们将小草扔在了一旁的垃圾桶中。
>
> 小草：(眼眶湿润了)难道最后都不能让我回归土壤吗？！(小草双眼再次一黑，永远遗憾地躺在了那里……)
>
> 旁白：小草是坚强的，它能克服石头、土壤、天灾等活下来，但在孩子淘气的双脚和好奇的双手前，却柔弱不堪……

2. 绿地岗位，责任承包

在情感激发，引起共鸣之后，再进行行为上的巩固与指导。可以通过让学生自行认领区域绿地，进行责任到人，定期评选"绿色小天使"的方式进行。这样情绪智力引导个体行为规范的发展，从而督促行为的趋势发展，实现教育的高效性、持续性，具体做法是：

首先，组织学生参加一次"红领巾绿地认养"活动，要求班级的每个学生认领属于自己的绿地，并且可以与家长、老师一起体验劳动的快乐。

其次，进行"绿地认领"仪式，每个学生在自己的绿地上竖起写有自己名字的警示牌，警示牌上还有孩子们自己设计的宣传标语。这些绿地作为孩子们的综合实践活动基地，从今往后，孩子们就是这些绿地的小主人了。活动中，孩子们将绿地中的纸片、杂草、石块儿，一个不落地捡拾出来。也可以邀请热心的家长参与其中，和孩子一起体验劳动的快乐。

最后，定期根据学生的表现，评选"绿色小天使"，从而树立身边学习榜样，激发孩子们的活动热情，逐步建立环保意识。

孩子们在活动中，少了一些不经意，多了一些责任感，学会了多弯一下腰，多伸一次手，用自己的实际行动，用爱心去关注环境的变化，用热情去传播环保的理念，用行动肩负起环保的重任，传递绿色希望，共创绿色家园！

【问题情境4】

垃圾分类　嫌脏嫌烦

小区宣传垃圾分类,分为干垃圾和餐厨垃圾,保护环境。可小兵在家把涂坏的图画纸随手扔进垃圾桶里,吃剩下的鸡翅骨头也朝同一个垃圾桶里一扔。妈妈提醒他,垃圾要分类,扔在不同的垃圾桶内。小兵大叫:"扔个垃圾还这么烦,都已经扔进去了还要拣出来多脏啊,下次再说吧!"

【一般思路】

简单来说,"垃圾分类"就是将垃圾分门别类地进行处理,对于我们的日常生活而言,就是指在扔垃圾的时候将垃圾根据其本身的性质投放到不同的垃圾箱,比如马路上常见的"可回收垃圾"和"不可回收垃圾"就是我国最常见的垃圾分类方式。"垃圾分类"的垃圾处理方式在一些发达国家执行得很好,比如日本和美国等。在日本,如果你要扔一个矿泉水瓶,要把瓶盖、瓶身包装纸和瓶子分别放入三个不同的垃圾箱,如果不严格执行,将会面临罚款的处罚。

随着人们生活水平的日益提高,已经有更多的人去关注环境污染对于人体所造成的伤害,也尽可能地去维护环境整洁,减少对自然的污染。那么,为什么能够实现垃圾减量化和资源化,能够减少再次污染,能够进行废物再利用等好处的"垃圾分类"却迟迟不能深入人心,顺利实施呢? 其实,在中国的大部分地区,垃圾分类较一些国家已经非常容易,大部分都只分为"可回收垃圾"和"不可回收垃圾",要做到垃圾分类是很容易的。之所以会出现上述情境案例,还是因为我们的教育没有找到问题的根源。

日常教育中,我们只是采用简单的手段来教育孩子,比如:

(1) 观看宣传片了解"垃圾分类"的重要性。观看有关环境污染、城市污染的宣传片,了解垃圾对于自然环境所造成的破坏,对于人类生活所造成的影响。

(2) 进行垃圾分类的实践活动。进行社区宣传、发放宣传单、小品表演、快板表演等。

这样的教育方式只能在孩子心中激起一时的波澜，至于长期的言行却收效甚微，过不多久，孩子们仍旧一如往日，我行我素。

【聚集结合点】

追根究缘，还是我们的教育做得不到位，没有从孩子的情绪根源入手，教育的方式方法过于简单。其实，只有真正提高孩子们的情绪智力，激发内心的情感，才能够有效地指导他们的行为举止，达到真正意义上的行为转变。

不喜欢给垃圾分类的原因还有一个，就是"麻烦心理"，觉得垃圾分类又脏又臭，而且很浪费时间，随手一扔多爽快，反正扔出去的垃圾会有专门的清洁工来处理。这就是"私利"战胜"公利"的表现，是没有"社会公德心"的体现。你可曾想到，烈日炎炎下、寒风凛冽时或是雷电暴雨中，清洁工们是如何辛勤地清理着凌乱不堪的垃圾？目前，环卫工人按要求全天保洁，每天上班：早上3点至5点，白天为上午、下午两班倒，中午休息一小时，至少工作8小时以上，天天辛苦劳累。工资仅仅高于当地最低工资标准。难道他们不嫌脏嫌烦吗？他们的辛勤劳动又为的是什么？还不是我们的幸福生活，有了他们我们才能够如此安逸地享受这整洁的环境。

古人云："人无廉耻，百事可为。"做人要有原则，要有所为，更要有所不为。就像小兵，为了自己的一点私利，图方便，他不仅给清洁工人造成不必要的麻烦，更加造成了资源的浪费，人人都这样的话，就会对大自然造成一定的污染，那么，生活在这个世界上的我们又将如何？试想，我们生活在周围都是垃圾的环境里是一种怎样的感觉和心情？

【另辟蹊径】

其实这些道理都容易懂，那么如何才能让孩子们从内心深处产生共鸣,从而自觉地进行垃圾分类呢？应从"体会环卫工人的不易"和"感受垃圾分类对于环境的重要性"两方面入手。

1. 角色体验与互换

要体会环卫工人的不易,需要先征得家长的认同,先让家长认识到垃圾分类的重要性。然后说服学生家长为孩子们的环保意识出一份力:自己扮成环卫工人,让自己的孩子亲眼见证爸爸妈妈在垃圾分类过程中的不易,唤起他们心中的共鸣。正所谓"己所不欲,勿施于人",孩子们不希望自己的爸爸妈妈受这种苦,那么对身为别的孩子爸爸妈妈的环卫工人也会心生同情,自觉践行垃圾分类。

或者跟踪观看环卫工人一天的工作,让自己的孩子亲眼见证环卫工人在垃圾分类过程中的不易,唤起他们心中的共鸣:只要每家每户做好垃圾分类,可以减少环卫工人大半的工作量。

2. 参观垃圾处理厂

为了让孩子们认识到垃圾分类对于身边环境的重要意义,可以带孩子们参观垃圾处理厂。让孩子们亲眼看看垃圾处理厂周围的环境状况,有可能的话可以让他们闻一闻那边地下水的味道,告诉他们如果不做好垃圾分类,自己以后也可能要喝这样的被污染的水,吃被污染的食物。

通过亲眼所见、亲身体验,相信能够唤起孩子们心中对于垃圾分类重要性的感情共鸣,真真正正地去做一名"环保小卫士"。

【问题情境5】

偏食挑食　随意浪费

今天的午餐是肉蒸蛋、罗宋汤和小朋友喜爱的菜饭。张明不爱吃肉蒸蛋,他喜欢吃菜饭,一连添了三次饭。最终,剩下好些吃不完的菜饭。于是,他将一口没吃的肉蒸蛋和剩下的菜饭一股脑儿地倒进了剩菜桶里。

📝【一般思路】

"锄禾日当午，汗滴禾下土。谁知盘中餐，粒粒皆辛苦。"这首脍炙人口的古诗，相信不少孩子在幼儿园里就已经会背了。然而不知孩子们是否留意这则"问题情境"，主人公张明就因为菜不合胃口，只吃了几口，或者碰都没有碰，就把剩下的饭菜倒在学校的塑料桶里。这实在是一种可耻的行为。

不珍惜粮食是不尊重农民伯伯的劳动果实，不热爱劳动人民。农民伯伯辛勤劳动，任劳任怨，在田野不辍劳作，好不容易才生产出粮食来。上面的那首古诗，不正是农民伯伯辛勤劳动的真实写照吗？

再则，张明同学对于自己爱吃的菜饭情有独钟，反复增添，却没有掌握好吃的量，因此造成再次浪费。他只是为了满足自己的私心，全然不顾自己所能承受的饭量，暴饮暴食对于自身造成的伤害，以及营养摄入的不均衡，更加没有顾及由于他的这种行为，使得其他饭量不足的小朋友可能无法添饭的情况，从而给食堂阿姨也带来不便。

种种现象说明这其实是我们教育工作做得不足。仅仅通过一首诗歌怎么能真正让孩子们体会到粮食的重要性？通常这都成了应试教育的牺牲品，孩子们只是为了考试而去背诗，而不去体会其中的真正意义。

当然，现在不少学校食堂采取"剩饭剩菜称重"评比，也取得了一定的成效。孩子们为了获得较好的评比结果，而刻意少盛或不盛自己不喜欢的饭食，还有甚者竟然把剩余的饭菜包裹起来带回家再进行处理，如此的行为与"节约粮食"的宗旨背道而驰。

🤝【聚集结合点】

事实上很多小朋友不仅不珍惜粮食，还会反驳说："我们家有好多钱，我想买多少就买多少，想浪费多少就浪费多少！"但小朋友们不知道的是，在几十年前的中国，即便你再有钱，你也不能想买多少就买多少，因为那时候我们国家粮食紧缺，根本没有足够多的粮食供食用。

和张明一样挑食、浪费粮食的小朋友们,从来就没有经历过饥饿的滋味,当面对着满桌好菜漫不经心地挑挑拣拣时,他们也许不会知道,全世界仍有10亿多人食不果腹,每年有超过500万人因为饥饿而死亡;当孩子们埋怨饭菜不可口、随意倾倒吃剩的饭菜时,更不会知道,还有很多贫困地区、偏远山区的孩子因为贫穷而吃不饱饭,上不起学!他们更不会想到,只要我们每天每人节约一粒大米,那么13亿人可节约多少?7000多公斤!一年可节约2000多万公斤,折合人民币3000多万元。这笔钱若按每所希望小学100万元算,则可盖300所希望小学。按每人学杂费300元计,则可以使10万名失学儿童重返校园!

事实上我们国家的粮食并不富余,随着人口的不断增长,城市规模的不断扩大,我们生产粮食的土地却在不断减少,现阶段我国的人均耕地面积只有世界平均水平的四分之一。所以,如果不节约粮食,我们每一个人迟早都会面临饿肚子的可能性,到时候再后悔自己当初浪费粮食的行为就已经来不及了。

上面这些赤裸裸的数字才是我们教育所需要向孩子们传达的信息,让他们真正体会粮食的重要性,但要真正让孩子们理解这些数字的意义,还需另辟蹊径。

【另辟蹊径】

行规和情商结合的教育方式是让孩子真正认同节约粮食概念的佳径之一。

所谓的情商教育,就是让孩子们通过亲身体验,内心深处产生对粮食的来之不易和粮食的重要性的直观认识,进而对他们的行为产生影响,让其真正发自内心地去节约粮食。

1. 学农实践,体验生活

利用暑假时间,组织孩子们到郊区的田地进行认知实习,让他们自己动手种粮食,通过自己的汗水培育粮食,让他们真真正正体会

"锄禾日当午,汗滴禾下土。谁知盘中餐,粒粒皆辛苦"。

2. 亲身体验,"饥饿教育"

在父母家人同意的前提下,进行一次"饥饿教育"的尝试。"浪费病"是物质过剩时代的必然后果。为什么很多年纪大的人即使再富裕,也不会大手大脚随便浪费,就是因为经历过物资匮乏的年代,"饥饿记忆"融入了他们的生命体验。而现今的孩子们衣食无忧、饭来伸手,只有亲身体验一下"饥饿"的感觉,才能够真实感受到饥饿的痛苦,才能从情感上真正认同"节约",从而在今后不再浪费,甚至厌恶浪费。

致　谢

王律言

　　行规与情商融合研究最早源自一场精彩的讲座。那是上海市第二期中小学班主任带头人工作室的一次市级通识培训。那天请到的讲座专家是优雅、靓丽的心理学博士——张怡筠老师，她以极强的亲和力，声情并茂地讲解情商教育，让我和其他学员深刻感受到了"美丽和智慧相遇，柔情与教育相约"的魅力。"情商教育"从此走进了我们的研究之中。

　　担任二十多年班主任，我十分关注行规养成教育的研究，注重学生良好行为习惯的培养。第一期市班主任工作室研究的科研项目便是"小学生分年段良好品德与行为习惯的培养"，我和学员们将自身多年行规教育探索与实践的成果汇聚编撰成《德行馨香伴成长》教本，希望能带给一线班主任一些启示与指导。

　　张怡筠博士的情商教育讲座，让我对行规养成教育研究有了新的想法。我的这一设想得到了工作室导师、特级教师、原松江区教师进修学院科研室主任马兰霞老师的认可与赞赏。在马老师手把手的指导下，我和我的团队开始了"行规与情商融合研究"的道路。经过历时一年多紧张的理论学习、资料收集整理，我们找到了课题研究的创新之处和研究价值——用情感激发学生的内在动力。让学生通过情感体验，内化行规的道德养分，弥补行规养成教育中工具理性的弊端，让学生的行规发展到各自最好的状态。

　　除了市工作室成员，近年来，我的每一个班主任团队都先后参与了"行规与情商融合研究"课题的研究工作：杨浦区班主任骨干团队、杨浦区名教师工作室、控二教育集团"匠心慧行"工作坊的学员们，他们积极开展了多年的教育教学实践研究。尤其是参与编撰本书的9位老师,在近3年的时间里,经历了一次次自我否定、推翻重来。这期间,马兰霞老师给予了我们极大的帮助,不厌其烦地一遍遍参与我们的研讨,大到编撰体例,小到问题情境的选择;大到文章的结构布局,小到每一句话的表述,马老师都严格一审再审,单单编写的提纲就改了好多遍。老专家在学术上的敬业精神令我们敬佩,她对我们的关爱让我们倍感温暖。

实践没有理论的指引,难以提升;理论没有实践的印证,显得苍白。班主任团队积极引导学员进行实践研究,重在知行相融、务真求实;注重学以致用,力求在解决实际教育问题的过程中,不断提升个人的专业能力。

感谢团队每一位成员5年来为课题研究做出的每一分努力!一辈子做班主任,一辈子学做班主任,我们在路上……

2018年11月